AF371267

Par Louis Chasot de Nantigny.
Voy. Barbier.

9288

TABLETTES

GEOGRAPHIQUES.

TABLETTES GEOGRAPHIQUES.

CONTENANT

UN ABREGE' DE TOUS les Etats des quatre Parties du Monde, leurs Bornes, Gouvernemens, Religions, les Ordres Militaires & de Chevaleries, & les Abbayes.

AVEC

Un Dictionnaire Géographique, où l'on trouve les noms des Royaumes, Villes, Bourgs confiderables, Forterefles, Montagnes, Fleuves & Rivieres.

A PARIS,

Chez
ETIENNE GANEAU, ruë faint Jacques, vis-à-vis la Fontaine Saint Severin, aux Armes de Dombes.
ET
PIERRE GIFFART, ruë faint Jacques, à fainte Therefe.

M. DCC XXV.

AVEC APPROBATION ET PRIVILEGE.

A

MESSIEURS

DE

GRIVEL D'OUROY.

ESSIEURS,

En vous offrant cet Ou-
vrage, je n'ai pas moins con-
sulté l'attention & le goût que

a iij

vous avez pour toutes les con-
noissances, qui conviennent
aux Gens de qualité, que sui-
vi le mouvement d'une incli-
nation respectueuse, que l'on
ne peut refuser aux aimables
qualitez, qui soûtiennent en
vous l'éclat d'une naissance
des plus illustres : Car sans
parler, MESSIEURS, de
cet air noble & gracieux, de
ces manieres polies & préve-
nantes, qui ne laissent à per-
sonne la liberté de suspendre
son jugement sur ce que vous
êtes: Vous joignez à un esprit
également vif & pénétrant,
un discernement juste & un

jugement solide; vous possedez
un de ces naturels heureux
qui ne trouvent point dans
leurs inclinations d'obstacles à
la vertu : Enfin, MESSIEURS,
l'on remarque en vous des
sentimens nobles & genereux,
qui sont de sûrs garands,
qu'heritiers des vertus de tant
d'illustres Ayeux, qui depuis
plusieurs siecles, ont signalé
leur valeur & leur fidelité au
service de l'Etat, Vous serez
des Seigneurs accomplis. Que
j'aurois dans leurs belles ac-
tions une ample matiere &
d'éloges, & d'exemples à vous
proposer, MESSIEURS, si

a iiij

la breveté de cet ouvrage me permettroit de m'étendre davantage. Je me contenterai donc, MESSIEURS, de vous prier de ne pas dédaigner ce témoignage autentique de mon entier dévoüement & du respect avec lequel je suis :

MESSIEURS,

Votre tres humble & tres-obéïssant serviteur,
L. M. de C ★ ★ ★

APPROBATION.

J'Ay lû par l'Ordre de Monseigneur le Garde des Sceaux, un Manuscrit, intitulé, *Tablettes Géographiques*; je n'y ai rien trouvé qui puisse en empêcher l'Impression. A Paris, ce trente Avril mil sept cens vingt quatre. DELISLE.

PRIVILEGE DU ROY.

LOUIS, par la grace de Dieu, Roi de France & de Navarre: à nos Amez & Feaux Conseillers, les Gens tenans nos Cours de Parlement, Maîtres des Requêtes ordinaires de nôtre Hôtel, Grand-Conseil, Prevôt de Paris, Baillifs, Senéchaux, leurs Lieutenans Civils, & autres nos Justiciers qu'il appartiendra. SALUT: notre bien amé ETIENNE GANEAU, Libraire à Paris, nous ayant fait remontrer qu'il lui avoit été mis en main un Manuscrit, qui a pour titre, *Tablettes Geographiques*, qu'il souhaiteroit faire imprimer & donner au Public, s'il nous plaisoit lui accorder nos Lettres de Privilege sur ce necessaires: A CES CAUSES, voulant traitter favorablement ledit Exposant, Nous lui avons

permis & permettons par ces Prefentes
de faire imprimer ledit Livre en tels vo-
lumes , forme , marge , caractere , con-
jointement où feparément , & autant de
fois que bon lui femblera , & de le vendre , faire vendre & debiter par tout
nôtre Royaume , & ce pendant le tems
de huit années confecutives , à compter
du jour de la datte defdites Prefentes.
Faifons défenfes à toutes fortes de per-
fonnes de quelques qualitez & conditions qu'elles foient, d'en introduire
d'impreffions étrangeres dans aucun lieu
de notre obéiffance , comme auffi à tous
Imprimeurs, Libraires, & autres, d'imprimer , faire imprimer , vendre , faire
vendre , debiter ni contrefaire ledit Livre en tout ni en partie , ni d'en faire
aucuns Extraits , fous quelque prétexte
que ce foit d'augmentation , correction,
changemens de titre , ou autrement,
fans la permiffion expreffe & par écrit
dudit Expofant , ou de ceux qui auront
droit de lui , à peine de confifcation des
exemplaires contrefaits , de quinze cens
livres d'amende contre chacun des con-
trevenans, dont un tiers à Nous, un tiers
à l'Hôtel Dieu de Paris , l'autre tiers au-
dit Expofant , & de tous dépens , dom-
mages & interefts ; à la charge que ces
Prefentes feront enregiftrées tout au long

fur le Regiftre de la Communauté des Libraires & Imprimeurs de Paris , & ce
dans trois mois de la datte d'icelles ;
que l'impreffion de ce Livre fera faite
dans notre Royaume , & non ailleurs, en
bon papier & en beau caractere , conformément aux Reglemens de la Librairie ;
& qu'avant que de l'expofer en vente , le
manufcrit ou imprimé qui aura fervi de
copie à l'impreffion dudit Livre , fera
remis dans le même état où l'Approbation y aura été donnée , ès mains de notre très-cher & Feal Chevalier , Garde
des Sceaux de France , le fieur Fleuriau
d'Armenonville , Commandeur de nos
Ordres ; & qu'il en fera enfuite remis
deux exemplaires dans notre Bibliothe-
que publique, un dans celle de notre
Château du Louvre , & un dans celle de
notredit très-cher & Feal Chevalier ,
Garde des Sceaux de France , le fieur
Fleuriau d'Armenonville, Commandeur
de nos Ordres; le tout à peine de nullité
des Prefentes; du contenu defquelles vous
mandons & enjoignons de faire joüir ledit Expofant, ou fes ayans caufe, plei-
nement & paifiblement, fans fouffrir
qu'il lui foit fait aucun trouble ou em-
pêchement ; Voulons que la copie defdites prefentes qui fera imprimée tout au
long au commencement ou à la fin dudit

Livre, ſoit tenuë pour duëment ſignifiée,
& qu'aux copies collationnées par l'un de
nos amez & Feaux Conſeillers & Secre-
taires, foy ſoit ajoûtée comme à l'origi-
nal. Commandons au premier notre
Huiſſier ou Sergent de faire pour l'execu-
tion d'icelles tous Actes requis & neceſ-
faires, ſans demander autre permiſſion,
& nonobſtant clameur de Haro, Charte
Normande & Lettres à ce contraires ;
Car tel eſt notre plaiſir. Donné à Paris le 4. jour du mois d'Avril, l'an de
Grace 1724. & de notre Regne le 9.
Par le Roi en ſon Conſeil, DE SAINT
HILAIRE.

*Regiſtré, enſemble la Ceſſion ſur le
Regiſtre V. de la Chambre Royale des
Libraires & Imprimeurs de Paris, N°.
289 Fol. 517. conformément aux an-
ciens Reglemens, confirmées par celui
du 28 Février 1723. A Paris ce onze
May mil ſept cent vingt-quatre.* Signé,
BRUNET, *Sindic.*

J'ai aſſocié au preſent Privilege Mon-
ſieur Giffart, ſuivant nos conventions.
A Paris ce 8. May 1724. Ganeau.

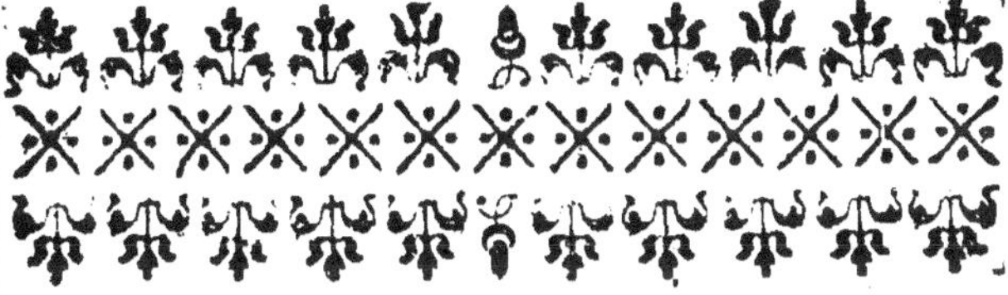

USAGE

DE
CES TABLETTES.

CEs Tablettes font divi-
fées en deux parties.

La premiere eft un abregé
de tous les Etats des quatre
parties du monde, avec leurs
Bornes, Gouvernemens, Re-
ligions, les Ordres Militaires & de Chevaleries. J'y ai
marqué les principales divi-
fions par les chiffres 1, 2, 3,
&c. les fubdivifions par les
lettres a, b, c, & les fecondes
fubdivifions par ces doubles
lettres aa, ab, ac, ba, bb, bc,

&c. ce qui servira pour l'intelligence de la seconde Partie.

La seconde Partie est un Dictionnaire Géographique, où l'on trouve par ordre alphabétique tous les noms des Royaumes, Villes, Bourgs considérables, Forteresses, Montagnes, Fleuves & Rivieres.

Les lettres qui suivent le nom de Royaume ou de Ville, & qui commencent par des Capitales, marquent les Titres des Provinces & les Prérogatives des Villes. Les petites lettres & les chiffres qui suivent les Prérogatives, dénotent la situation ; & lorsqu'une Ville est située sur un Fleuve, on le trouvera marqué par une Lettre capitale Italique : Exemple.

Je veux savoir où est situé *Toulouse*, je cherche cette Ville dans le Dictionnaire , je trouve après le mot Toulouse plusieurs Lettres qui en dénotent les Prérogatives, comme Ar. *Archevêché.* Un. *Université.* Pa. *Parlement.* Cc. *Chambre des Comptes.* G. *Generalité.* Co. *Cour des Monnoies.* Pr. *Présidial.* Ba. *Bailliage.* Les petites lettres qui suivent , marquent la situation. f. dénote *France.* Le chiffre 7. *la septiéme partie de la France* , qui se trouve , suivant notre division , être le *Languedoc.* L'a , marque *le Haut - Languedoc.* & Ga. *La Garonne* , sur la quelle eſt ſituée cette Ville.

Les noms des Royaumes & Provinces ſont écrits en gros caracteres. Et lorſqu'un Royaume ou une Province a pour Capitale une Ville de même nom, je joints aux Lettres qui déſignent le titre du pays, celles qui marquent les Prérogatives de ſa Capitale.

PREMIERE

PREMIERE PARTIE.

LA GEOGRAPHIE est la Description de la terre.

LA Terre se divise en deux Continens, dont le premier que l'on apelle l'*ancien Monde* renferme trois Parties ; sçavoir, l'*EUROPE*, l'*ASIE*, & l'*AFRIQUE*: le second Continent, que l'on apelle le *Nouveau Monde*, à cause de sa nouvelle découverte, est aussi un grand Continent, auquel on a donné le nom d'*AMERIQUE*.

Il y a quatre principaux Points de la Terre ; sçavoir, 1°. l'*Orient*, qui s'apelle aussi le Levant, ou l'*Est* ; 2°. l'*Occident*, que l'on nomme encore le *Couchant*, ou

A

l'*Oüeſt* ; 3º. le *Midi*, autrement dit le *Sud* ; 4º. le Septentrion, ou *Nord*. On donne encore le nom de *Pole Arctique* au Septentrion, & de *Pole Antarctique* au midi.

Remarquez, que je dénote l'Eſt par E, l'Oüeſt par O, le Sud par S, & le Nord par N.

Un *Continent* eſt un grand eſpace de terre, que l'on peut parcourir ſans paſſer la mer.

Une *Iſle* eſt un eſpace de terre entourée d'eau de tous côtez.

Une *Preſqu'Iſle* eſt une eſpace de terre entourée d'eau, excepté d'un côté, qui s'apelle *Iſthme*.

Un *Iſthme* eſt une langue de terre qui joint une preſqu'Iſle à une autre, ou à un continent.

Un *Détroit* eſt un endroit de la mer ſerré entre deux terres.

Un *Golfe* eſt une mer qui s'enfonce dans les terres.

Une *Baye* eſt une eſpece de Golfe, où les Vaiſſeaux ſont à l'abri de certains vents.

Un *Fleuve* eſt un grand courant d'eau , qui porte ſon nom
juſqu'à la mer.

Une *Riviere* eſt un moindre
courant d'eau.

La *droite d'un Fleuve* ſe prend
par celle de celui qui le deſcend.
Duſſeldopp, par exemple , eſt à la
droite du Rhin , & Cologne à la
gauche.

Le *Deſſus d'un Fleuve* ſe prend
par la proximité de ſa ſource ; par
exemple, Corbeil eſt au-deſſus de
Paris.

L'*Embouchure* d'un Fleuve , ou
d'une Riviere , eſt l'endroit où
l'un & l'autre perd ſon nom , ſoit
dans la mer , ſoit dans une autre
eau.

EUROPE.

L'EUROPE a à l'*E.* l'Afie, dont elle eft feparée par le fleuve Obi , la Mer noire, & l'Archipel. A l'*O.* l'Ocean Atlantique , qui la fepare de l'Amerique. Au *S.* la Méditerranée , qui la fepare de l'Afrique ; & au *N.* la Mer glaciale. Sa plus grande largeur , à la prendre depuis le Cap S. Vincent en Galice , jufqu'à l'embouchure du Fleuve Obi, eft d'environ 1300. lieuës ; fa longueur eft de 800. à compter du Cap Matapan en Morée , jufqu'au Nord-Cap en Nortwege.

Je divife l'Europe en 15 Parties principales , qui font à commencer par le centre, puis faifant le tour du Midi à l'Occident , & du Nord à l'Orient. Voici la divifion, avec les Villes Capitales de chaque Etat.

1 L'Allemagne,   *Vienne.*
2 Les Suisses,   *Basle.*
3 L'Italie,   *Rome.*
4 L'Espagne,   *Madrid.*
5 Le Portugal,   *Lisbonne.*
6 La France,   *Paris.*
7 Les Pays-Bas Autrichiens,   *Bruxelles.*
8 La Republique de Hollande,   *Amsterdam.*
9 Les Isles Britaniques, *Londres.*
10 Le Danemarck, *Copenhague.*
11 La Suéde,   *Stokolm.*
12 La Moscovie,   *Moscovv.*
13 La Pologne,   *Varsovie.*
14 La Hongrie,   *Bude.*
15 La Turquie en Europe, *Constantinople.*

ALLEMAGNE.

L'EMPIRE d'ALLEMAGNE a environ 200. lieuës de longueur, 200. de largeur, 850. de circuit. Il a pour bornes à l'*E.* la Pologne & la Hongrie ; à l'*O.* les Pays-Bas ; au *S.* les Suisses, & une partie de l'Italie ; au *N.* le Jutland, & la Mer Baltique. On y compte 5 Ar. 30 Ev. 24 A. 11 Prelats ; 1 Grand Maître Teutonique ; 58 D. 40 C. 15 Maisons de Princes ; 33 Un. 60 Villes Impérialles ; 96 Voix, dont 56 sont de la Religion Romaine, & 46 de la Protestante.

L'Allemagne se divise en dix Cercles, dont celui de Bourgogne ne subsistant plus, je mets pour dixiéme partie le Royaume de Bohême, dont le Roi est Electeur, & Grand Echanson de l'Empire.

1.

LE CERCLE d'AUTRICHE,
dont l'Empereur, comme Archiduc, est seul Directeur, comprend :

a	La Haute	*Lints.*
b	& Basse Autriche.	*Vienne.*
c	La Haute	*Ortembourg.*
d	& Basse Carinthie,	*Clagenfurt.*
e	La Haute	*Laubach.*
f	& Basse Carniole.	*Franicz.*
g	La Haute	*Seckau.*
h	& Basse Stirie.	*G:ats.*

Le Tirol, qui se subdivise en :

i	Tirol propre	*Inspruck.*
k	Evêché de	*Trente.*
l	Evêché de	*Brixen.*

2.

LE CERCLE DE BAVIERE,
qui a pour Directeurs l'Archevêque de Saltzbourg, & l'Electeur de Baviere, comprend :

a L'Archevêché de   *Saltzbourg.*

b
c   Les Evêchez de   {   *Paſſavv.*
d   *Ratiſhone.*
                              Freiſıng.
e   La Prévôté de   *Berchſtolgade.*
f   L'Electorat de Baviere ,   *Munich.*
g   Le Haut Palatinat ,   *Amberg.*
h   Le Duché de Newbourg, *Neubourg.*

3.

LE CERCLE de HAUTE SAXE,
dont l'Electeur de Saxe eſt ſeul Directeur , comprend :

a   Le D´. & Elect. de Saxe, *Wittemberg*
b   La Miſnie ,   *Dreſde.*
c   La Thuringe ,   *Erfurt.*
d   La Principauté d'Anhalt , *Deſſavv.*
e   L'Electorat de Brandebourg, *Berlin.*
    qui ſe ſubdiviſe en :
e a   Vieille Marche ,   *Biſmare.*
e b   Nouvelle ,   *Landsberg.*
e c   Et Moyenne ,   *Berlin.*
f a   La Pomeranie Suédoiſe, *Stralſund.*
f b   La Pomeranie Pruſſienne, *Stettin.*

4.

LE C. DE BASSE-SAXE,
comprend :

a L'Holſace , ou Holſtein, qui ſe ſubdiviſe en :

a a	Holstein Propre,	*Kiel.*
a b	Ditmars,	*Lunden.*
a c	Wagrie,	*Lubec.*
a d	Stormarie,	*Hambourg.*
b	Le Meckelbourg,	*Rostock.*
c	L'Electorat de	*Hannover.*
d	L'Evêché de	*Hildesheim.*
e	La Principauté de	*Halberstat.*
f		*Breme.*
g	Les Duchez de	*Magdebourg.*
h		*Lavembourg.*

Le Roi d'Angleterre , comme Duc de Breme, & le Roi de Prusse, comme Duc de Magdebourg , sont alternativement Directeurs du Cercle de Basse-Saxe , avec le plus âgé Duc de Brunswick - Lunebourg.

§.

LE C. de WESTPHALIE, dont le Roi de Prusse , comme Duc de Cleves ; & l'Electeur Palatin , en qualité de Duc de Juliers , sont alternativement Directeurs avec l'Evêque de Munster , comprend :

a
b
LesE véchez de { Munster.
Paderborn.
c
d { Osnabruck.
Liege.

Les Duchez de :

e Juliers ,   *Juliers.*
f Berg ,   *Dusseldorp.*
g Cleves ,   *Cleves.*
h Ferden ,   .   *Ferden.*
i La Principauté d'Ost-Frise , *Auri k.*
k La Principauté de Minden, *Minden.*
l Le Comté de la Marck ,   *Ham.*
m { *Oldembourg.*
n Les Comtez de { *Hoye.*
o { *Lippe*

6.

LE C. ELECTORAL, ou du BAS-RHIN, a pour Directeurs l'Electeur de Mayence, & l'Electeur Palatin. Il comprend les Archevêchez & Electorats de :

a Mayence ,   *Aschaffembourg.*
b Treves ;   *Coblents.*
c Cologne ,   *Bonn.*
d Le Palatinat du Rhin , *Heidelberg.*

7.

LE C. du HAUT-RHIN, comprend :

a	Les Evêchez de {	Spire.
b		Worms.
c a }	Le Landegraviat {	Caffel.
c b }	de Helle. {	Darmftat.
d	La Wétéravie,	Wetzlar.
e		Simmeren.
f	Les Duchez de {	Deux-Ponts.
g		Veldents.
h	Les Comtez de {	Lautreck.
i		Hanavv.

LE CERCLE du HAUT-RHIN, a pour Directeurs l'Evêque de Worms, & l'Electeur Palatin.

8.

LE C. de SOUABE, qui a pour Directeurs l'Evêque de Conftance, & le Duc de Wirtemberg, comprend :

a	Les Evêchez de {	Conftance.
b		Augsbourg

c	Le Duché de Wirtemberg.	{	Studgard.
d a { d b }	Le Marquiſat de Bade.	{	Baden. Dourlach.
e	Le Briſgaw.		Fribourg.
f	L'Ortenaw.		Offembourg.
g { h }	Les Principautés de	{	Furſtemberg. Hohenzollern.
i	Les Villes Foreſtiéres.		Rhinfeld.

9.

Le C. de FRANCONIE,

dont l'Evêque de Bamberg, & le Marquis de Culembach ſont Directeurs, comprend :

a b c	Les Evêchez de	{	Bamberg. Wirtſbourg. Aichſtet.
d e	Les Marquiſats de	{	Culembach. Anſpach.
f { g }	Les Principautés de	{	Henneberg Schuvartzemberg.

$$
\left.\begin{array}{c} h \\ i \\ k \end{array}\right\} \text{Les Comtez de} \left\{\begin{array}{l} \textit{Wertheim} \\ \textit{Leuvven-} \\ \textit{stein.} \\ \textit{Hollac.} \end{array}\right.
$$

10.

Le ROYAUME de BOHEME a 180. lieuës de circuit, comprend 202. Villes, un Archevêché, 7. Evêchez, une Université. Il se divise en quatre Parties, qui sont :

$$
\begin{array}{ll}
a & \text{La Bohême propre.} \quad \textit{Prague.} \\
b & \text{La Moravie,} \quad \textit{Olmuts.} \\
\left.\begin{array}{c} c\,a \\ c\,b \end{array}\right\} & \text{La Haute \& Basse Silesie.} \left\{\begin{array}{l} \textit{Ratibor.} \\ \textit{Breslauu.} \end{array}\right. \\
\left.\begin{array}{c} d\,a \\ d\,b \end{array}\right\} & \text{La Haute \& Basse Lusace.} \left\{\begin{array}{l} \textit{Gorlits.} \\ \textit{Sorauu.} \end{array}\right.
\end{array}
$$

Ce Royaume fut rendu héréditaire par la Paix de Munster en 1648. dans la Maison d'Autriche.

La Religion Catholique est la dominante de l'Allemagne ; on n'élit point d'Empereur qui n'en soit. La Lutherienne, dite Protestante, & la Calviniste, ou Prétenduë Réformée y sont permiſes , & même très-puiſſantes.

Le Gouvernement de l'Allemagne eſt Monarchique- Ariſtocratique. Son Chef eſt un Empereur, qui eſt élû par neuf Princes apellez *Electeurs* , qui lui font jurer d'obſerver les conditions auxquelles il eſt élû , ce que l'on apelle *Capitulation Impériale*. Parmi ces Princes Electeurs , il y en a trois Ecclefiaſtiques , & ſix Séculiers.

Electeurs Ecclefiaſtiques.

I. L'Archevêque de Mayence , Archi-Chancelier en Allemagne.
II. L'Archevêque de Tréves , Archi-Chancelier dans les Gaules.
III. L'Archevêque de Cologne, Archi-Chanchelier en Italie.

Electeurs Séculiers.

I. Le Roi de Bohéme , Grand-Echanſon de l'Empire.
II. Le Duc de Baviére , Grand-Maître.

III. Le Duc de Saxe, Grand-Maréchal.

IV. Le Marquis de Brandebourg, Grand - Chambellan.

V. Le Comte Palatin , Grand-Tréforier.

VI. Le Duc de Brunfwick-Hannover, Grand ***.

Lorfque l'Empire eft vacant, il eft gouverné par deux *Vicaires*, qui font les Electeurs de Baviere , & de Saxe. L'Italie a toûjours le fien, qui eft le Duc de Savoye.

L'Empereur , & chaque Prince de l'Empire eft fouverain dans fes Etats, ne dépendant des autres, que dans les feules chofes dont tous les Etats de l'Empire font convenus, pour le bien commun du Corps Germanique. Quoique l'Empereur foit Chef de l'Empire, il ne peut rien faire hors fes Etats héreditaires, fans le confentement de la Diette.

La *Diette* eft une Affemblée de tous les Etats de l'Empire , qui fe tient à Ratisbone; elle est partagée en trois *Col'éges*. Le premier est celui des Electeurs ; le second est celui des autres Princes, tant Ecclesiastiques que Séculiers , des Prélats, des Comtes, & des Barons immédiats. Le troisiéme est celui des Villes Impériales , & des Villes Anséatiques. Les Princes donnent chacun leur voix dans leur Collége , comme les Electeurs ; mais les Prélats , les Comtes & les Barons n'en ont que quatre, c'est-à-dire , une pour chaque Classe qu'ils forment ; sçavoir , de Soüabe , de Westphalie , de Franconie , & de Weteravie.

Les Fleuves & Rivieres d'Allemagne font, 1°. le *Danube*, qui reçoit plus de trente Rivieres navigables, dont les principales font, l'*Isr*, l'*Inn*, l'*Ens*, le *Rahab*, la *Drave*, & la *Save*. 2°. Le *Rhin*, qui reçoit le *Necre*, le *Mein*, la *Lippe*, & la *Moselle*. 2°. le *Vveser*, 4°. l'*Elbe*, auquel se joignent

le *Moldavv*, la *Salta*, & la *Sprée*;
5°. l'*Oder*.

SUISSE.

La SUISSE a pour bornes à l'*E* le Tirol, à l'*O* la Franche-Comté, au *N*. la Souabe, & au *S*. le Milanez ; elle se divise en treize Cantons, que je raporte selon le rang qu'ils tiennent entr'eux.

1	ZURICH.	6 UNDER-WALD. *Stantz.*
2	BERNE , qui se divise en Pays Allemand. *Berne.*	7 ZUG.
a		8 GLARIS.
b	Pays de *Vaux.* *Lausane.*	9 BASLE.
		10 FRI-BOURG.
		11 SOLEU-RE.
3	LUCERNE.	12 SCHAF-FOUSE.
4	URI. *Altorff.*	13 APPEN-ZEL.
5	SWITS.	

14.

LES SUJETS des Suisses
sont :

Aux   a Le Turgow, *Fravvenfeld.*
sept   b Le C. de Sargans, *Sargans.*
pre-   c Le C. de Role, *B. emgarten.*
miers   d Le Wogenthal, *Meyenberg.*
Can-   e L'Argow,   *Bade.*
tons.   f Le Rhinthal.

En Italie :

Les Baillages de	Lugano Lorcano Mendrisio Valmagia	*Aux douze premiers Cantons.*
	Bellinzona Valbruna, Riviera.	*Aux C. d'Uri de Svvits & d'Under-vvald.*

15.

LES ALLIE'S des Suisses sont :

a ⌠ Les Grisons   C.   *Coire.*
    qui se divisent en :
a a ⎸ Ligue Grise.
a b ⎨ Ligue de la Maison-Dieu.
a c ⎸ Ligue des 10. Jurisdictions
     Des Grisons dépend :
a d ⌡ La Walteline,   *Sondrio.*
  b ⎰ La Ville, & ⎰ *S. Gal.*
    ⎱ l'Abbé de ⎱
  c Le Walais,   *Sion.*
  d La Republique de   *Geneve.*
  e La Principauté de   *Nevvchâtel.*
Avec les Villes *Mulhausen*, en Alface, de *Rotvveil*, & de *Bienne* en Souabe.

La *Religion Romaine*, & la *Protestante* font les deux que l'on professe en Suisse. Quarre Cantons ; sçavoir, Berne, Basle, Zurich, & Schaffouse sont de celleci ; Appenzel & Glaris, & les Grisons suivent l'une & l'autre ; les sept autres Cantons sont Catholiques.

Le Gouvernement des Suisses est Démocratique ; chaque Canton a ses Loix & ses Magistrats. Les Cantons Catholiques tiennent leurs Assemblées à Soleure, les Protestans à Araw, & tous ensemble à Bade, pour l'interêt commun du Corps Helvétique.

Le *Rhin*, & le *Rhône* ont leur source dans la Suisse, où il y a plusieurs Lacs, dont les principaux sont ceux de *Geneve*, de *Constance*, de *Nevvchatel*, & de *Morat*.

ITALIE.

CE PAYS, qui repreſente aſſez bien la figure d'une botte, eſt borné à l'*E.* par la mer Adriatique, à l'*O.* par les Alpes, au *S.* par la Méditerranée, & au *N.* par une partie de l'Allemagne, & par les Suiſſes. Il y a 6 Souverains, 4 Republiques, 39. Archevêchez, 250. Evêchez, 20 Univerſitez, & 7. Tribunaux d'Inquiſition.

Je diviſe l'Italie en 12 parties principales, que je prens d'Occident en Orient, & qui ſont, 1°. *les Etats du Roi de Sardaigne, en terre ferme* ; 2°. le *Milanez* ; 3°. le *Mantouan* ; 4°. les *Etats du Duc de Parme* ; 5°. *Ceux du Duc de Modene* ; 6°. la *Toſcane* ; 7°. *l'Etat de Gênes* ; 8°. *l'Etat de l'Egliſe* ; 9°. les *Etats de la Republique de Veniſe* ; 10. *le Royaume de Naples* ; 11. *la Sicile* ; *l'Iſle de Sardaigne.*

1.

Les ETATS du ROI de SAR-DAIGNE en Terre-ferme, font:

a	{	La Savoye, qui fe fubdivife en:	
a	a	Savoye Propre,	*Chamberi.*
a	b	Genevois,	*Anneci.*
a	c	Chablais,	*Thonon.*
a	d	Fauffigni,	*Bonneville.*
a	e	Tarantaife,	*Moufliers.*
a	f	Morienne,	*S. Jean.*
	b	Le Piemont,	*Turin.*
	c	Le Montferrat,	*Cafal.*

Le Roi de Sardaigne eft Vicaire de l'Empire en Italie, & gouverne avec un pouvoir abfolu fes Etats, où les filles font excluës, comme en France, de la Succeffion.

2.

Le MILANEZ fe divife en

a	Milanez Autrichien,	*Milan.*
b	Milanez Savoyard,	*Alexandrie.*

3.

Le MANTOUAN, *Mantouë.*

4.

Les ETATS du Duc de Parme, font :

a Le Duché de Parme , *Parme.*
b Le Duché de Plaifance, *Plaifance.*

Le Duc de Parme releve du S. Siége , & lui paye un Tribut annuel de dix mille écus , depuis que le Pape Paul III. donna ces Duchez avec celui de Caftro à fon fils Loüis Farnefe.

5.

Les ETATS du D. de MODENE font :

a Le Duché de Modene , *Modene.*
b Le Duché de Regio , *Regio.*
c Le Pays de Loragio , *Rocavilla.*
d Le Duché de Mirandole , *Mirandola.*

Ce dernier Duché a été confisqué sur le Duc de ce nom, par l'Empereur Joseph, pour avoir pris le parti de l'Espagne, & a été vendu pour cinq millions au Duc de Modene.

Le Duc de Modene est membre de l'Empire, & lui paye quatre mille écus tous les ans. Dans son Etat l'aîné ne partage point la Succession avec ses freres.

6.

Les ETATS du GRAND Duc de TOSCANE comprennent :

a Le Florentin,	*Florence.*
b Le Pisan,	*Pise.*
c Le Siennois,	*Sienne.*

Joignez - y :

d Stato delli Presidii,	*Orbitello.*

Qui apartient à l'Empereur, & au Roi d'Espagne :

7.

La COSTE de GENES comprend :

a La Principauté de	*Monaco.*

b L'Etat de   *Genes.*
c Le Duché de Maſſa   *Carrara.*
d La Republique de   *Luques.*

Le Prince de Monaco eſt ſous la protection de la France.

Genes ſe gouverne en Ariſtocratie, ſon Chef eſt un *Doge* que l'on change tous les deux ans, & qui eſt obligé de demeurer dans ſon Palais, ſous une garde de 500. Cavaliers étrangers.

Le Prince de Maſſa eſt un Vaſſal de Genes.

Luques eſt un Etat ariſtocratique & a pour Chef un *Gonfalunier*, que l'on change tous les trois mois.

8.

L'ETAT de l'EGLISE a environ 250. lieuës de circuit, 6. Archevêchez & 66. Evêchez, il eſt compoſé de 12. Provinces, qui ſont:

a La Campagne de Rome,   *Rome.*
b La Sabine,   *Magliano.*

B

c Le Patrimoine S. Pierre,　*Viterbe.*
d Le Duché de Castro,　*Castro.*
e L'Orvietan,　*Orviète.*
f Le Perousin,　*Pérouse.*
g L'Ombrie,　*Spolete.*
h La Marche d'Ancone,　*Ancone.*
i Le Duché d'Urbin,　*Urbin.*
k La Romagne,　*Ravene.*
l Le Ferrarois,　*Ferrare.*
m Le Boloneze,　*Bologne.*

Le Pape gouverne en Souverain l'Etat Ecclesiastique par des Légats, qui sont ordinairement des Cardinaux.

L'élection du Pape se fait à present par les Cardinaux, qui sont au nombre de 70. & dont il doit avoir les deux tiers de voix dans le Conclave.

9.

Les ETATS de la REPUBLIQUE de VENISE se divisent en 12. Gouvernemens, qui sont :

a Le Dogado,　*Venise.*
b Le Frioul,　*Veline.*

c L'Iſtrie,   *Capo d'Iſtria.*
 d La Marche Treviſane,   *Treviſe.*
 e Le Padoüan,   *Padoüe.*
 f Le Poleſin,   *Adria.*
 g Le Vicentin,   *Vicence.*
 h Le Veronois,   *Verone.*
 i Le Breſſan,   *Breſſe.*
 k Le Crémaſc,   *Créme.*
 l Le Bergamaſc,   *Bergame.*
 m Les Iſles de la Mer Joniene, dont
    la principale eſt Corfou,   *Corfou.*

Le Gouvernement de Veniſe eſt Ariſtocratique, dépendant entierement des Nobles du Pays, qui ont pour Chef un *Doge*, ou *Duc* perpetuel, lequel eſt électif. Quoique ce Prince ait tous les honneurs de la Souveraineté & que tout ſe faſſe en ſon nom, il a cependant ſi peu d'autorité qu'il ne ſçait ſouvent les choſes que lorſqu'elles ſont faites. On peut dire de lui, que dans l'Hôtel de Ville il eſt un Conſeiller, dans ſon Palais, un Roy, & dans la Ville un Priſonnier. Il eſt obligé auſſi-bien que tous les Miniſtres

& les Magiftrats, de rendre compte de fa conduite au *Confeil des
Dix*, Tribunal du monde le plus
redoutable, lequel juge des crimes
d'Etat, & protege le Peuple contre les mauvais traitemens des
Grands.

10.

Le ROYAUME de NAPLES
a 20. Archevêchez. 127. Evêchez. 45. Principautez. 80.
Duchez. 100. Marquifats. 66.
Comtez, & 1000. Baronies.
Il fe divife en 4. parties principales ; fçavoir :

a La TERRE de LABOUR qui
comprend :
a b La T. de Labour propre, *Naples.*
a c La Principauté Citérieure, *Salerne.*
a d La Princip. Ulterieure, *Benevent.*
b L'ABRUZZE, qui fe divife en,
b a Abruzze Citerieure,   *Chiéti.*
b b Abruzze Ulterieure,   *Aquila.*
b c Comté de Molife,   *Trivento.*
c L'APOUILLE, qui comprend :
c a La Capitanate,   *Manfredonia.*

cb Là Terre de Bari .   *Bari.*
cc La Terre d'Otrante ,   *Otrante.*
d La CALABRE, qui se divise en,
da Calabre Citerieure ,   *Colenfa.*
db Calabre Ulterieure ,   *Reggio.*
dc Bafilicate ,   *Acerenza.*

11.

L'ISLE & ROYAUME de SICILE se divise en 3. *Vallées*, qui font :

a La Vallée de Mazara ,   *Palerme.*
b La Vallée de Demoni ,   *Meffine.*
c La Vallée de Noto ,   *Noto.*
d Les Ifles de Lipari ,   *Lipari.*
e L'Ifle de Malthe ,   *La Valette.*

Cette Ifle fut donnée en 1530. par l'Empereur Charles V. aux Chevaliers de Saint Jean de Jerufalem, chaffez de Rhodes par Soliman II. à condition d'envoyer tous les ans pour homage un Faucon au Roy d'Efpagne, comme Roy de Sicile.

12.

a L'ISLE de SARDAIGNE, qui

    fe divife en 2. Caps ; fçavoir de
a b Cagliari,   *Cagliari.*
a b Logudori ,   ' *Saffari.*
b L'ISLE de CORSE ,   la *Baftie.*

    Elle eft poffedée par les Genois.
La Religion Romaine eft la feule
que l'on fouffre en Italie.
    Les principaux Fleuves d'Italie
font, le *Tybre*, le *Po*, & l'*Arno*.

ESPAGNE.

CE Royaume qui a environ 800. lieuës de circuit, eſt borné à l'*E.* & au *S.* par la Méditerranée, à l'*O.* par le Portugal, au *N.* par l'Ocean, & les Pyrennées, qui le ſéparent de la France. On y compte 8. Archevêchez. 45. Evêchez. 15. Univerſitez. 14. Tribunaux d'Inquiſition. Il ſe diviſe en 14. parties.

1.

La VIEILLE CASTILLE, *Burgos.*

2.

La NOUVELLE CASTILLE comprend :

a L'Algaria, *Madrid.*
b La Sierra, *Cuença.*
c La Manche, *Ciudad-real.*
d L'Extramadoure, *Badajox.*

3.

L'ANDALOUSIE, *Seville.*

4

Le ROY^e. de GRENADE , *Grenade.*

5.

Le ROY^e. de MURCIE ,   *Murcie.*

6.

Le ROY^e. de VALENCE ,   *Valence.*

7.

La CATALOGNE ,   *Barcelone.*

8.

Le ROY^e. d'ARAGON ,   *Sarragoſſe.*

9.

La NAVARE ,   *Pampelune.*

10.

a ⎰ La BISCAYE ,   *Bilbaõ.*
  ⎱   &
b ⎱ GUIPUISCOA ,   *S. Sebaſtien.*

11.

Les ASTURIES ,   *Oviedo.*

12.

Le ROY^e. de GALICE , *Compoſtelle.*

13.

Le ROY^e. de LEON ,   *Leon.*

14.

Les ISLES BALEARES ; ſavoir,

a ⎰ Maiorque ,   *Majorque.*
b ⎰ Minorque ,   *Citadelli.*
c ⎱ Yviça ,   *Yviça.*

La Religion Romaine est la seule que l'on souffre en Espagne.

Le Gouvernement est Monarchique. La Couronne est hereditaire & passe aux filles au défaut des mâles.

Les principaux Fleuves d'Espagne sont, 1°. l'*Ebre*, qui reçoit la *Segre* & la *Cinca*. 2°. Le *Guadalquivir*, auquel se joint le *Xenil*. 3°. la *Guadiana*. 4°. Le *Tage*. 5°. Le *Douro*. 6°. Le *Minio*.

PORTUGAL.

CE Royaume qui a 270. lieuës de circuit, eſt ſitué entre l'Eſpagne & l'Ocean. On y compte 3. Archevêchez. 13. Evêchez. 3. Univerſitez. 3. Tribunaux d'Inquiſition. 18. Citez. 400. Villes. 200. Bourgs, & 4000. Paroiſſes. Il ſe diviſe en 6. parties.

1.

ENTRE DOURO & MINIO, *Porto.*

2.

TRALOS MONTES,   *Braga.*

3.

Le BEIRA,   *Conimbre.*

4.

L'EXTRAMADOURE,   *Liſbone.*

5.

L'ALENTEJO,   *Evora.*

6.

Le ROY^e. d'ALGARVE, *Tavila.*

La Religion Romaine eſt la ſeule que l'on ſouffre en Portugal. dont le Gouvernement eſt ſemblable à celui d'Eſpagne.

Les Rivieres principales de Portugal ſont, le *Tage*, la *Guadiana* & le *Douro*.

LA FRANCE.

CE Royaume qui a environ 200. lieuës de longueur. 190. de largeur, & 750. de circuit, eſt borné à l'*E*. par l'Allemagne, les Suiſſes & la Savoye; à l'*O*. par l'Ocean ; au *S*. par une partie de l'Eſpagne & de la Mediterranée ; & au *N*. par la Manche & les Pays-Bas. On y compte 6000. Villes, 80. Fortereſſes, 36941. Paroiſſes, 18. Archevêchez, 113. Evêchez, 740. Abbayes d'Hommes, 200. de Femmes ; 12. Parlemens, 3. Conſeils Souverains, 26. Généralitez, 18. Univerſitez, & 6. Academies. La France ſe diviſe en 31. grands Gouvernemens.

I.

L'ALSACE ſe diviſe en

a ⎰ Haute Alsace,   *Colmar.*
b ⎱ Basse Alsace,   *Strasbourg.*
        &
c   Sundgaw,   *Befort.*

2.

La FRANCHE COMTE', *Besançon.*
Entre l'Alsace & la Franche Comté
est la Principauté de *Montbelliard.*

3.

a ⎰ La BOURGOGNE,   *Dijon.*
b ⎱ La BRESSE,   *Bourg.*
c   Le BUGEY,   · *Bellay.*

4.

Le LIONNOIS comprend :

a   Le Lionnois propre,   *Lion.*
b   Le Beaujolois,   *Beaujeu.*
c   Le Forez,   *S. Etienne.*
      joignez - y :
d   La Princip. de Dombes, *Trevoux.*

5.

Le DAUPHINE',   *Grenoble.*

6.

a ⎰ La PROVENCE,   *Aix.*
b ⎱ Le COM. VENESSIN, *Carpentras*

7.

Le LANGUEDOC se divise en
a   Haut Languedoc,   *Toulouse.*
b   Bas Languedoc,   *Montpelier.*
c   Cevenes, qui comprenent :

c a	Le Vivarets	*Viviers.*
c b	Le Velai,	*Puy.*
c c	Le Gevaudan,	*Mende.*

8.

Le ROUSSILLON,   *Perpignan.*

9.

Le COMTE' de FOIX,   *Pamiers.*

1 0.

a	Le BEARN,	*Pau.*
b	La BASSE NAVARE,	*S. Palais.*

1 1.

a	La GUYENNE,	*Bourdeaux.*
b	La GASCOGNE,	*Auch.*

La Guyene comprend :

a a	Le Bourdelois,	*Bourdeaux.*
a b	Le Bazadois,	*Bazas.*
a c	Le Perigord,	*Perigueux.*
a d	Le Querci,	*Cahors.*
a e	L'Agenois,	*Agen.*
a f	Le Roüergue,	*Rodez.*
b	La Gascogne se subdivise en	
b a	Condomois,	*Condom.*
b b	Armagnac,	*Auch.*
b c	Cominge	*S. Bertrand.*
b d	Conserans,	*S. Licer.*
b e	Bigore,	*Tarbe.*
b f	Chalosse,	*Aire.*
b g	Basques,	*Baïone.*
b h	Les Landes,	*Dax.*

12.

a — { La SAINTONGE, *Saintes.*
b — } L'ANGOUMOIS, *Angoulême.*

13.

Le PAYS d'AUNIS, *la Rochelle.*

14.

a — { Le HAUT *Poitiers.*
&
b — { Le BAS POITOU, *Niort.*

15.

a — { La HAUTE *Rennes.*
&
b — { BASSE BRETAGNE, *Vannes.*

16.

a — { La HAUTE *Roüen.*
&
b — { BASSE NORMANDIE, *Caën.*

17.

a — { La PICARDIE, *Amiens.*
&
b — { L'ARTOIS, *Arras.*

La Haute Picardie, comprend :

a a — { L'Amienois, *Amiens.*
a b — } Le Santerre, *Perone.*
a c — } Le Vermandois, *S. Quentin.*
a d — { Le Tierasche, *Guise.*

La Basse Picardie, comprend :

a e ⎧ Le Ponthieu,　　　　*Abbeville.*
a f ⎨ Le Boulonois,　　　　*Boulogne.*
a g ⎩ Le Vimeur,　　　　*S. Valeri.*

18.

Les PAYS BAS FRANÇOIS
font :

a ⎧ La Flandre Françoife,　*Lille.*
b ⎪ Le Hainaut Franç. *Valencienes.*
c ⎨ Le Cambrefis,　　　*Cambrai.*
d ⎩ Le Luxembourg Fran.*Thionville*

19.

a ⎧ La CHAMPAGNE,　*Troyes.*
　 ⎪ 　　&
b ⎩ La BRIE,　　　　*Meaux*

20.

Le NIVERNOIS,　　　*Nevers.*

21.

Le BOURBONOIS,　　*Moulins.*

22.

a ⎧ La HAUTE,　　　*Aurillac.*
　 ⎪ 　　&
b ⎩ BASSE AUVERG.　*Clermont.*

23.

Le LIMOSIN,　　　　*Limoges.*

24.

La MARCHE,　　　　*Gueret.*

25.

La TOURAINE,　　　*Tours.*

26.

L'ANJOU,   *Angers.*

27.

a ⸦ Le MAINE,   *Le Mans.*
b ⸧ Le PERCHE,   *Mortagne.*

28.

L'ISLE de FRANCE,   *Paris.*

29.

Le BERRI,   *Bourges.*

30.

L'ORLEANOIS comprend :

a ⸦ La SOLOGNE,   *Orleans.*
b ⎮ La Beauce,   *Chartres.*
c ⎮ Le Gatinois,   *Montargis.*
d ⸤ Le Blaisois,   *Blois.*
e ⎮ Le Vendômois,   *Vendôme.*
f ⸧ Le Dunois,   *Chateaudun.*

31.

Le GOU. de la SARRE, *Sar-Loüis.*

Il y a encore six Gouvernemens particuliers, qui font 1°.
Paris. 2°. *Dunkerque.* 3°. Le
Havre - de - Grace. 4°. *Saumur.*
5°. *Toul.* 6°. *Mets & Verdun.*
Je joins à la France la Loraine,
qui y eſt comme enclavée.

32.

Les ETATS du DUC de LO-
RAINE font :

a	La LORAINE,	*Nanci.*
b	Le Barois,	*Bar.*

Le Duc de Loraine gouverne ſes Etats avec un pouvoir abſolu. Il fait hommage à la France pour le Barois, & à l'Empire pour le Marquiſat de Nomeni. En Loraine, les filles ſuccedent au défaut des mâles.

La Religion Romaine eſt la ſeule que l'on ſouffre en France & en Loraine.

Le Gouvernement de France eſt purement Monarchique. La Couronne eſt hereditaire ſeulement aux mâles, les femmes en étant excluës par la *Loi Salique*, qui ajuge la ſucceſſion toute entiere à l'héritier mâle le plus proche en ligne directe.

Les Fleuves & Rivieres de Fran-

ce les plus confiderables font,
1°. la *Seine*, qui reçoit l'*Aube*,
l'*Yonne*, la *Marne*, l'*Oife* & l'*Eure*.
2°. Le *Rhône*, auquel fe joignent,
la *Saone*, l'*Ifere* & la *Durance*.
3°. La *Loire* qui reçoit l'*Allier*,
le *Cher*, l'*Indre*, le *Loir*, la *Sarte*,
& la *Maïene*. 4°. La *Garone*,
qui reçoit le *Tarn*, le *Lot* & la
Dordogne. Il y a encore la *Som-*
me, l'*Orne*, la *Vilaine*, la *Cha-*
rente, l'*Adour* & l'*Aude*.

PAYS BAS.

LES Pays-Bas font fituez à l'O. de l'Allemagne & comprenent XVII. Provinces, qui font partagées entre la France, la Maifon d'Autriche & la République de Hollande. De ces XVII. Provinces il y a

4. Duchez.

Brabant, Gueldres, Luxembourg & Limbourg.

7. Comtez.

Flandres, Artois, Hainaut, Namur, *Hollande, Zelande &* *Zutphen.*

5. Seigneuries.

Frife, *Groningue, Ouver-Ißel,* *Utrecht, & Malines.*

1. Marquifat du S. Empire.

Anvers.

PAYS-BAS
AUTRICHIENS.

Ils se divisent en six parties, outre Malines & Anvers, qui sont comme enclavez dans le Brabant.

1.

a { FL. AUTRICHIENE, *Gand.*
b { FL. HOLLANDOISE, *l'Ecluse.*

2.

a { Le BRAB. AUTR. *Bruxelles.*
b { Le BRAB. HOLLAND. *Breda.*
Joignez y :
c { L'EVECHE' de LIEGE , *Liege.*
qui y est enclavé , quoiqu'il dépende du cercle de Westphalie.

3.

Le HAINAUT , *Mons.*

4.

LE C. de NAMUR , *Namur.*

5.

Le D. de LUXEMBOURG, *Luxembourg.*

6.

a { Le LIMB. AUTR. *Limbourg.*
b { Le LIMB. HOL. *Mastricht.*

PROVINCES UNIES.

CEs Provinces sont appellées *Unies*, de l'union qu'elles firent entr'elles à Utrecht en 1579. pour se souftraire à la domination d'Espagne, à l'occasion des troubles qui arriverent dans les Pays-Bas, au sujet de l'Inquisition que l'on vouloit y établir. Ces Provinces sont au nombre de sept.

I.

La HOLLANDE se divise en

a ⎰ Sud-Hollande, *Amsterdam.*
　　& 　
b ⎱ Nort-Hollande, *Horn.*

2.

La ZELANDE consiste en 7. Isles, dont les principales sont :

a ⎰ Walcheren, *Middelbourg.*
b ⎱ Zud Beveland, *Romersuual.*

3.

La GUELDRE ſe diviſe en

a	Weluwe,	*Arnheim.*
b	Betuwe,	*Nimegue.*
c	Haut quart. de Gueldre,	*Gueldre*
	&	
d	Comté de Zutphen,	*Zutphen.*

4.

LA S. d'UTRECHT, *Utrecht.*

5.

La WEST-FRISE, *Levvarden.*

6.

La S. d'OWER-ISSEL , *Devventer,*

7.

La S. GRONINGUE, *Groningue.*

Le Gouvernement des Provinces-Unies eſt Démocratique. Chaque Province eſt indépendante de l'autre, de ſorte que ce ſont autant de Républiques, que l'intereſt commun réünit, pour n'en faire qu'une ſous le nom d'*Etats Generaux des Provinces Unies.*

Les Villes envoyent à leur Province leurs Députez avec ceux de

la Nobleſſe, & les Provinces envoyent les leurs aux Etats Generaux qui ſe tiennent à la Haye.
La Hollande y en a trois, la
Gueldre, la Zelande & la Friſe
en ont chacune deux & les autres
Provinces un chacune.

La Religion Prétenduë *Réformée* eſt la Dominante des Provinces Unies où l'on tolere cependant toutes les autres, pour-
vû qu'elles ne troublent point
l'Etat.

Les Fleuves & les Rivieres des
Pays-bas, ſont, 1°. la *Meuſe* qui
reçoit la *Sambre.* 2°. l'*Eſcaut*,
auquel ſe joint la *Lys.* 3°. Le
Rhin & quatre branches qui s'en
détachent ; ſçavoir, le *Vvahal*,
l'*Iſſel*, le *Lech* & le *Vvaert.*

ISLES

ISLES
BRITANIQUES.

LEs Isles Britaniques font fi-
tuées à l'O. des Pays-bas &
comprenent deux grandes Isles,
qui renferment 3. Royaumes,
l'Angleterre & l'Ecosse font dans
une même Isle, dite la Grande
Bretagne ; l'Irlande est une Isle &
un Royaume separé.

I.

L'ANGLETERRE à 400.
lieuës de circuit, 136. Villes,
5200. Villages, 145. Isles, 2.
Archevêchez, 27. Evechez, 2.
Universitez, 26. Doyenez, 60.
Archidiaconats, 576. Chanoines,
544. Prebendez & 9643. Curez.

Je divise l'Angleterre en 8. parties
à l'Orient.

C

a ⎧ Le R^e. d'Eaſt Angles, *Cambrige.*
b ⎨ Le Royaume d'Eſſex , *Londres.*
c ⎩ Le Roy^e. de Kent.   *Cantorberi.*

Au Midi.

d ⎰ Le R^e. de Sud-Sex , *Chicheſter.*
e ⎱ Le R^c. de Weſt-Sex, *Wincheſter.*

à l'Occident.

f La Principauté de Galles , *S. David.*

Au Nord.

g Le R^e. de Nonthumberland, *Yorck.*

Au milieu.

h Le Royaume de Mercie, *Oxford.*

2.

L'ECOSSE occupe tout le Nord
de la Grande Bretagne & a
220. lieuës de circuit, 2. Archevêchez, 12. Evêchez & 4.
Univerſitez. Elle ſe diviſe en

a ⎧ Septentrionale,   *Aberden.*
  ⎨   &
b ⎩ Meridionale,   *Edimbourg.*

3.

L'IRLANDE est située à l'O. de la Grande Bretagne. Elle a 240. lieuës de circuit, 4. Archevêchez, 20. Evêchez & une Université. Elle se divise en 4. parties, qui sont :

a	La Lagenie,	*Dublin.*
b	La Momonie,	*Limeric.*
c	La Connacie,	*Gallouai.*
d	L'Ultonie,	*Armach.*

La Religion dominante des Isles Britaniques est l'*Anglicane*, qui ne differe de la *Calviniste* que par la Discipline, ayant retenu le Gouvernement Episcopal, que les Ecossois n'ont pas voulu recevoir, ce qui les fait appeller *Puritains*, & *Presbiteriens*, & les autres *Episcopaux*; la seule Religion Romaine y est défenduë sous de rigoureuses peines.

Le Gouvernement de la Grande Bretagne est Monarchique-Républicain. L'autorité Souveraine est partagée entre le Roi & le Parlement. Le Roi peut donner les graces, les emplois ; mais il ne peut lever aucun fubfide, abroger ou faire aucune loi fans le confentement du Parlement, qu'il peut cependant convoquer & diffoudre quand il lui plaît.

Le *Parlement* eft compofé de deux *Chambres* ; la premiere, dite la *Chambre-Haute*, eft celle des Princes, Milords, Ducs, Barons, Archevêques & Evêques, comme Barons du Royaume ; la feconde, dite la *Chambre-Baffe* ou des *Communes*, eft compofée des Députez des Provinces & des Villes.

La Couronne d'Angleterre eft hereditaire & paffe aux filles au défaut des mâles, le Parlement en a exclus les Princes de la Religion Romaine, quelque droit qu'ils y puiffent avoir.

Les Fleuves principaux des Ifles Britaniques font, en Angletetre, la *Tamife* & la *Saverne*; en Ecoffe, le *Tay* & la *Dey*, & en Irlande, le *Shannon* & la *Boine*.

DANEMARC.

CÈ Royaume situé au *N.* de l'Allemagne, a environ 720. lijuës d'étenduë du N. au S. Il se divise en Continent, qui comprend le Jutland & la Nortwege , & en Isles.

I.

Les ISLES de Danemarc sont :

a	Selande ,	*Copenhague.*
b	Fyonie ,	*Odensée.*
c	Langeland ,	*Rudkoping.*
d	Falster ,	*Nikoping.*
e	Islande ,	*Skaholt.*

2.

Le JUTLAND se divise en

a Nord-Jutland , qui comprend :

a a		*Rypen.*
a b		*Arhusen.*
	Les Diocèses de	
a c		*Ahlborg.*
a d		*Wiborg.*

b & Sud-Jutland , qui comprend :

C iij

a b Le Duché de Slefwick, *Slefuvick.*
    &
    Le Holftein, qui eft du Cercle de
Baffe-Saxe. *V.* Allemagne,

3.

La NORWEGE fe divife en cinq
Gouvernemens; fçavoir :

a Drontheim,   *Drontheim.*
b Wardhus, ou Laponie Danoife.
                    Wardhus.
c Bergen,   *Bergen.*
d Aggerbus,   *Obflo.*
e Bahus,   *Bahus.*

Le Lutheranifme eft la Religion que l'on fuit en Danemarc.

Le Gouvernement de Dane-
marc fut rendu Monarchique &
hereditaire, même aux filles, au
défaut des mâles, en 1669. par
Frederic III. qui força les Etats à
fe démettre de leur droit d'Election.

SUEDE.

L A Suede a pour bornes à l*E.* la Moſcovie ; à l'*O.* la Nort-wege ; au *S.* la Mer Baltique ; au *N.* la Mer Glaciale. Ce Royaume a 950. lieuës de circuit & ſe diviſe en ſix parties principales.

1.

La SUEDE ou SUEONIE a dix parties, qui ſont :

a	L'Uplande ,	*Stokolm.*
b	La Sudermanie ,	*Nikoping.*
c	La Nericie ,	*Orcbo.*
d	La Weſtmanie ,	*Aroſen.*
e	La Dalécarlie ,	*Travveſtron.*
f	La Geſtricie ,	*Gevvalie.*
g	L'Helſing ,	*Hundſvvickvvald.*
h	La Mepelande ,	*Indel.*
i	L'Angermanie ,	*Harnoſand.*
k	La Jemptie ,	*Indalkirck.*

2.

La GOTHIE comprend :

C iiij

a	L'Oſtrogotlande qui a :	
a a	L'Oſtrog. propre ,	*Norkoping.*
	&	
a b	Smaland ,	*Calmar.*
b	La Weſtrogotl. qui ſe diviſe en	
b a	Weſtro-G. prop.	*Gottembourg.*
b b	Wermeland ,	*Carolſtat.*
	&	
b c	Dalie ,	*Dalebourg.*
c	La Sud-Gotlande ſe diviſe en	
c a	Scanie ,	*Lunden.*
c b	Blecking ,	*Chriſtianopel.*
	&	
c c	Halland ,	*Helmſtad.*

La BOTHNIE , [3.] *Tornovv.*

La LAPONIE SUEDOISE , [4.] *Loiſbi.*

La FINLANDE comprend : [5.]

a	La Finlande propre ,	*Abo.*
b	La Nylande ,	*Helſingfort.*
c	La Carelie ,	*Wiborg.*
d	La Cajanie ,	*Cajanebourg.*
	&	
e	L'Ingrie ,	*Oreska.*

La LIVONIE comprend :

a	La Lethonie ,	*Riga.*
	&	
b	L'Eſthonie ,	*Revel.*

La Livonie & l'Ingrie ont été cedées au Czar, par le dernier Traité de paix.

Le Luthéranifme de la Confeffion d'Aufbourg eft la feule Religion que l'on profeffe en Suede.

Les Etats de Suede, après la mort de Charles XII. ont recouvré leurs Privileges avec leur droit d'Election. Ils font compofez de 4. Corps, qui font, 1°. la Nobleffe, 2°. le Clergé, 3°. les Bourgeois, 4°. les Païfans, qui y envoyent leurs Députez, auffi-bien que chaque Maifon Noble. Les Militaires, depuis le Colonel jufqu'au Capitaine, inclufivement, entrent aux Etats dans la Claffe des Nobles.

Il n'y a point de Rivieres confiderables en Suede, mais quantité de Lacs, dont les principaux font ceux de *Melec*, de *Vvener* & de *Vvetter*.

MOSCOVIE.

LA Moſcovie Européene a huit cens lieuës de longueur & quatre cens cinquante de largeur. Elle eſt bornée à l'*E.* par le Fleuve Obi, à l'*O.* par la Suede ; au *S.* par la Lithuanie, au *N.* par la Mer Glaciale. Elle ſe diviſe en

a { Moſcovie Septentrion. *Arcangel.*

&

b { Moſcovie Méridionale, *Moskou.*

Les Moſcovites ſuivent le Schiſme des Grecs. Le Chef de leur Egliſe étoit autrefois le Patriarche de Moskou, mais depuis la mort du dernier, le Czar Pierre s'eſt déclaré lui - même le Chef des Egliſes de ſes Etats, qu'il gouverne avec un pouvoir deſpotique.

Les Feuves de Moſcovie ſont l'*Obi*, le *Vvolga*, la *Dvvina*, la *Dune*, le *Don* ou *Tanais*, qui reçoit le *Donjek*.

Les Lacs les plus confiderables font ceux d'*Onega*, de *Ladoga* & de *Juan-Ofero*. Le premier a cent vingt-cinq lieuës d'étenduë & le fecond en a cent cinquante.

P. O L O G N E.

CE Royaume qui a 800. lieuës de circuit, eſt borné à l'*E*. par la Moſcovie & la petite Tartarie ; à l'*O*. par la Bohëme ; au *S*. par la Tranſilvanie & la Moldavie, & au *N*. par la Livonie & une partie de la Moſcovie. On y compte 2. Archevêchez, 15. Evêchez, 2. Univerſitez, 36. Palatinats & 82. Châtellenies.

La Couronne de Pologne eſt compoſée de 3. Etats, qui ſont :

1. La Pologne,	*Cracovie.*
2. La Lithuanie,	*Wilna.*
3. La Pruſſe.	*Konigſberg.*

I.

La POLOGNE comprend 10. parties,

a	La H. ou P. Pologne,	*Cracovie.*
b	La Baſſe ou G. Pologne,	*Gneſne.*
c	La Cujavie,	*Wladiſlavv.*
d	La Mazovie,	*Warſovie.*
e	La Podlaquie,	*Bielsk.*
f	La Poleſie,	*Breſſici.*
g	La Ruſſie noire,	*Lemberg.*
h	La Podolie,	*Kaminiec.*
i	La Wolhinie,	*Luſuc.*
k	L'Ukraine,	*Kiovie.*

Les Peuples de l'Ukraine, que l'on apelle *Coſaques*, ſont à preſent ſous la protection du Czar.

2.

La LITHUANIE a 5. parties, qui ſont :

a	La Lithuanie propre,	*Wilna.*
b	La petite Ruſſie B.	*Novvogorodek.*
c	La Samogitie,	*Roſienie.*
d	La Courlande,	*Goldingen*
	&	
e	Le De. de Semigallen	*Mittavv.*

La Lithuanie a ſes Armées, ſes Officiers, ſes Finances, & ſes Loix à part.

3.

La PRUSSE ſe diviſe en

a { Pruſſe Polonoiſe ou Royale. *Mariembourg.*
b { Royaume de Pruſſe, *Konigſberg.*

Cette derniere fut érigée en Royaume l'an 1701. en faveur de Frederic, Electeur de Brandebourg.

La Religion Romaine eſt la dominante de Pologne, où l'on n'élit point de Rois, qui n'en ſoient. Il y a auſſi des Grecs, des Juifs, des Armeniens, des Lutheriens & des Calviniſtes.

La Pologne eſt un Etat Monarchique, Républicain. Son Chef eſt un Roi, qui eſt élu par la Diette generale du Royaume. La *Diette* eſt compoſée, 1°. des Sénateurs du Royaume, 2°. des Députez de la Nobleſſe des Palatinats, apellez *Nonces* ; 3°. de ceux des Villes principales.

L'Archevêque de Gnesne, Primat
du Royaume, a seul droit de la
convoquer pendant l'interregne.
Elle fait prêter serment au Roi
de garder les Statuts du Royaume, & lui impose certaines conditions apellées, *Pacta Conventa*,
qui bornent fort son autorité, ne
pouvant rien faire sans le consen-
tement de la Diette.

Les Fleuves & Rivieres principales de Pologne sont, 1°. La
Wistule, qui reçoit le *Bug*; 2°.
le *Niemen*; 3°. le *Nieper* ou *Bo-
risthene*, qui reçoit le *Bog*; 4°.
le *Niester*.

HONGRIE.

CE Royaume, qui a environ 500. lieuës de circuit a, 2. Archevêchez, 14. Evêchez & une Université; est bornée à l'*E*. par la Walachie & la Moldavie ; à l'*O*. par l'Autriche & Moravie ; au *S*. par la Turquie, & au *N*. par la Pologne. Il se divise en 4. parties.

1.

a ⎰ La HAUTE,   *Presbourg.*

     &

b ⎱ BASSE HONGRIE,   *Bude.*

2.

L'ESCLAVONIE,   *Possega.*

3.

La TRANSILVANIE, *Hermanstat.*

4.

La SERVIE,   *Bellegrade.*

La Hongrie étoit autrefois un

Royaume électif, que l'Empereur Léopold fit déclarer hereditaire dans les Princes de sa Maison en 1687.

La Religion Romaine y est la dominante; il y a aussi des Luthériens, des Calvinistes & des Grecs.

Ce Pays est arrosé par un grand nombre de Rivieres, qui s'y jettent dans le *Danube* & dont les principales sont, la *Drave*, la *Save*, la *Morave* & la *Teyss*.

TURQUIE,

EN EUROPE.

CEt Empire eſt borné à l'*E.* par la Mer Noire, la Mer de Marmora & l'Archipel ; à l'*O.* par la Mer Ioniene ; au *S.* par la Méditerranée, & au *N.* par la Hongrie. Il ſe diviſe en *Turquie Septentrionale*, qui a 8. parties & en *Turquie Méridionale*, dite la *Grece*, qui en a 7.

Turquie Septentrionale.

I.

La ROMANIE,   *Conſtantinople.*

2.

La PETITE TARTARIE comprend :

a ⎰ La Crimée,   *Crim.*
   &
b ⎱ La Beſſarabie,   *Okſakou.*

La petite Tartarie apartient à un Prince apellé *Cam*, qui eſt tri-butaire du Grand Seigneur.

3.

La WALACHIE, *Bukoreſt.*

4.

La MOLDAVIE, *Jaſſi.*

Ces deux Provinces ſont gou-vernées chacune par un Prince apellé *Hoſpodar*, qui paye tribut à la Porte.

5.

La BULGARIE, *Sophie.*

6.

a La BOSNIE OTT. *Boſnaſerrajo.*
b La BOSNIE AUTRICH. *Jaicza.*

7.

La CROATIE ſe diviſe en

a Ottomane, *Wihits.*
&
b Autrichiene, *Carlovvits.*

8.

La DALMATIE ſe diviſe en

a ⎧ Ottomane,　　　　*Narente.*
b ⎨ Venitiene,　　　　*Spalatro.*
　 ⎪　　&
c ⎩ Ragusiene,　　　　*Raguse.*

Raguse est une République qui se gouverne Aristocratiquement. Elle paye tribut aux Turcs, aux Venitiens & à l'Ordre de Malthe.

G R E C E.

ou

Turquie Méridionale.

9.

La MACEDOINE,　　　*Saloniki.*

10.

L'ALBANIE,　　　*Durazzo.*

11.

L'EPIRE,　　　*Larta.*

12.

La THESSALIE,　　　*Larissa.*

13.

L'ACHAYE,　　　*Athenes.*

14.

La MORE'E,　　　*Modon.*

15.

Les ISLES de L'ARCHIPEL
font entr'autres

a	Negrepont,	*Negrepont.*
	&	
b	Candie,	*Candie.*

La Religion Mahometane eſt la dominante de la Turquie, où les Chrétiens & les Juifs ſont ſoufferts, moyenant un tribut.

Le Gouvernement du Grand Seigneur eſt ſi deſpotique, que ſa volonté ſeule fait les Loix à l'égard de la vie & des biens de ſes Sujets, qui ſont tous ſes Eſclaves.

La Nobleſſe n'eſt point hereditaire en Turquie.

ASIE.

L'Afie eft bornée à l'*E.* par la Mer de la Chine ; à l'*O.* par la Mer Rouge , qui la fépare de l'Afrique, & par le Fleuve Obi, la Mer de Marmora du côté de l'Europe ; au *S.* par la Mer des Indes, & au *N.* par l'Ocean glacial. Je la divife en 9. parties principales :

1. La Turquie Afiatique , *Alep.*
2. La Tartarie ,   *Samarkand.*
3. La Perfe ,   *Iſpaham.*
4. L'Indoftan ,   *Agra.*
5. La prefqu'Iſle Occidentale de l'Inde ,   *Goa.*
6. La prefqu'Iſle Orientale. *Siam.*
7. La Chine ,   *Pekin.*
8. Le Japon.   *Yedo.*
9. Les Iſles de la Mer des Indes.

I.

La TURQUIE ASIATIQUE

eſt bornée à l'*E.* par la Perſe ;
à l'*O.* par l'Archipel ; au *S.* par
la Mer d'Arabie ; au *N.* par la
Moſcovie. Elle ſe diviſe en 7.
parties principales.

a L'ANATOLIE comprend :

a a	⎧	L'Anatolie propre,	*Burſe.*
a b	⎫	La Caramanie,	*Cogni.*
a c	⎬	L'Amaſie,	*Trebiſonde.*
		&	
a d	⎩	L'Aladulie,	*Maraz.*

b La SOURIE ſe diviſe en

b a	⎧	Sourie propre,	*Alep.*
b b	⎨	Phenicie,	*Damas.*
b c	⎩	Paleſtine,	*Jeruſalem.*

c Le DIARBEC ſe diviſe en

c a	⎧	Diarbec propre,	*Diarbekir.*
		&	
c b	⎩	Yerac,	*Bagdat.*

d L'ARMENIE,   *Erzerum.*

e Le GURGISTAN comprend :

e a ⎧ La Mingrelie,   *Cotatis.*
e b ⎨ Le Carduel,   *Teflis.*
e c ⎬ La Zuirie,   *Terki.*
e d ⎩ La Circaffie,   *Afoph.*

f   L'ARABIE fe divife en

f a Tehamah, ou grand Defert, *Odail.*
f b Naged,
f c Hegiaz,   *Medine.*
f d Orud,
f e Jemen,   *Fartach.*

g   Les ISLES de L'ARCHIPEL
       ASIATIQUE font entr'aures :

g a ⎧ Chyp e,   *Nicofie.*
      &
g b ⎩ Rhodes,   *Rhodes.*

2.

La GRANDE TARTARIE

contient environ un tiers de l'Afie, dont elle occupe tous le Nord, & fe divife en

a ⎧ Zagathai,   *Samarkand.*
b ⎨ Tartarie Ruffiene, *Aftrakau.*
      &
a ⎩ Turkeftan,   *Thibet.*

La

3.

La PERSE a pour bornes à l'*E.* l'Indouſtan ; à l'*O.* la Turquie ; au *S.* la Mer d'Arabie, & au *N.* la Tartarie. Elle ſe diviſe en 12. Provinces, qui ſont :

a	Herack,	*Iſpaham.*
b	Farſiſtan,	*Schiras.*
c	Schirwan,	*Derbent.*
d	Kilan,	*Recht.*
e	Tabriſtan,	*Ferhabat.*
f	Adirbeitſan,	*Tauris.*
g	Erivan,	*Erivan.*
h	Choraſan,	*Mexad.*
i	Sableſtan,	*Sernich.*
k	Sitzeſtan,	*Siſtan.*
l	Kirman,	*Kirman.*
m	Chuſiſtan,	*Suſter.*

4.

L'INDOUSTAN ou EMPIRE du GRAND MOGOL, eſt borné à l'*E.* par la Chine; à l'*O.* par la Perſe; au *S.* par la Preſqu'Iſle Occidentale, & au *N.* par la Tartarie. Il comprend pluſieurs Royaumes, dont les principaux ſont :

a	Le Dehli,	*Dehli.*
b	L'Agra,	*Agra.*
c	Le Guſurate ou Cambaye,	*Surate*
d	Le Pengab,	*Lahor.*
e	Le Bengale,	*Bengala.*
f	Le Golconde,	*Golconde.*

5.

La PRESQU'ISLE OCCIDENTALE de l'Inde, ou, *en deçà le Gange*, comprend :

a	Le Decan,	*Viſapour.* *Goa.*
b	La Côte de Malabar,	*Calicut.*
c	La Côte de Manar,	*Maduré.*
d	La C. de Coromandel,	*S. Thomas.*

6.

La PRESQU'ISLE ORIEN-
TALE de l'Inde, ou, *au de-là
le Gange*, a,

a	Le Tunquin,	*Kecio.*
b	La Cochinchine,	*Faifo.*
c	Le Siam,	*Siam.*
d	Le Cambodia,	*Cambodia.*
e	La Presqu'Isle Malacca,	*Malacca.*
f	Le Royaume d'Ava,	*Ava.*

7.

La CHINE est bornée à l'*E.* par
la Mer du Japon ; à l'*O.* par
l'Indoustan ; au *S.* par le Tun-
quin & le Golfe de la Cochin-
chine, & au *N.* par une mu-
raille de 400. lieuës de longueur, qui la sépare de la Tartarie. Elle se divise en *Septentrionale* & en *Meridionale*.

a La CHINE SEPTENTRIONALE
a six Provinces, qui sont :

a a Pekin.		a d Xantung.
a b Xansi.		a e Honan.
a c Xensi.		

b La CHINE MERIDIONALE a
10. Provinces , qui font :

b a Nankin.   b f Fokien.
b b Suchuen.   b g Quantung.
b c Huquang.   b h Quangfin.
b d Kiangfi.   b i Junnan.
b e Checkiang.   &
                              b k Quiécheu.

Chacune de ces 15. Provinces
a une Ville capitale.

8.

Le JAPON eft fitué à l'*E.* de
la Chine , & confifte en plu-
fieurs Ifles , dont les principales
font :

a Nyphon ,   *Yedo.*
b Ximo ,   *Nangafachi,*
c Xicoco ,   *Korumi.*

Les Japonois font Idolâtres, &
ont des mœurs tout-à-fait opo-
fez aux nôtres.

9:

Les ISLES des INDES font,
à les prendre d'Occident en
Orient.

a Les Maldives, au nombre d'onze
mille, dont la principale eft *Malé.*

b L'Ifle de Ceylan,   *Candi.*

c Les Ifles de la feconde, dont les
principales font:

c a	Borneo,	*Borneo.*
c b	Java,	*Batavia.* *Bantam.*
c c	Sumatra,	*Achem.*

Batavia eft aux Hollandois.

d Les Moluques, dont la principale
eft Celebes, où eft le Royaume
de Macaffar.

e Les Philipines, dont la principale
eft :
Luçon,   *Manille.*

f Les nouvelles Philipines.

g Les Ifles Marianes, ou des Larons.

Les Religions dominantes de l'Afie, font la Mahometane, &. l'Idolâtre. Les Miffionaires ont fait un grand nombre de Chrétiens dans la Chine & dans l'Indolftan.

Le Gouvernement de tous les Princes de l'Afie eft entierement defpotique, étant maîtres de la vie & des biens de leurs Sujets.

Les principaux Fleuves de l'Afie font, l'*Euphrate*, le *Tigre*, l'*Inde*, le *Gange*, le *Jourdain* & le *Phafe*.

AFRIQUE.

L'Afrique est une Presqu'Isle, ne tenant à l'Asie que par l'Isthme de Suez, qui est entre la Méditeranée & la Mer Rouge. Je la divise en 12. parties.

1. L'Egypte ,   *le Caire.*
2. La Barbarie ,   *Alger.*
3. Le Biledulgerid , *Tafilet.*
4. Le Zaara ou Desert.
5. La Nubie ,   *Sennar.*
6. La Nigritie ,   *Tombut.*
7. La Guinée ,   *la Mine.*
8. Le Congo , *S. Salvador.*
9. Ethiopie ,   *Gendar.*
10. La Basse Ethiopie , *Simbaoé.*
11. Le Zanguebar , *Melinde.*
12. Les Isles.

I.

L'EGYPTE se divise en 4. parties qui sont :

D iiij

a ⎰ Sahid ou haut Egypte , *Gergio.*
b ⎱ Bechira ou moyene Eg. *le Caire.*
c ⎱ Errif ou baſſe Egyp. *Alexandrie.*
　　　&
d ⎱ Côte de la Mer Rouge , *Suez.*

L'Egypte apartient au Turc , qui y envoye tous les trois ans un Bacha , lequel demeure au Caire, Capitale de tout le Royaume.

2.

La BARBARIE comprend :

a　　　　　　　　　　*Tripoli.*
b Royaumes &　　　　*Thunis.*
c　　　Villes　　　　*Alger.*
d　　　　de　　　　　*Fez.*
　　　　　　　　　　　&
e　　　　　　　　　　*Maroc.*

Tripoli ſe gouverne en République, & a pour Chef un *Dey*, qui eſt comme le Doge de Veniſe, & dont l'autorité eſt fort contrebalancée par le *Bey* ou Inſpecteur des finances.

Thunis paye tribut à la Porte, & fe gouverne par l'autorité d'un *Divan* ou Confeil, auquel le Dey préfide.

Alger eft gouverné en Republique, fous la protection du Grand-Seigneur.

Fez & *Maroc* dépendent d'un même Prince, qui eft trés-puiffant, & exerce un empire defpotique fur fes Sujets.

La Religion Mahometane eft fuivie dans toute l'Egypte, la Barbarie, & le Biledulgérid.

3.

Le BILEDULGERID, Tafilete.

a   { *Tafilet.*
b   *Teufar.*
c   { *Segelmefe.*

4.

Le ZAARA ou DESERT.

5.

La NUBIE,   *Sennar.*

6.

La NIGRITIE,   *Tombut.*

7.

La GUINE'E,　　　　　　*Mina.*

8.

Le CONGO ,　　　*S. Salvador.*

9.

La HAUTE ETHIOPIE ou ABISSINIE ,　　*Gondar.*

L'Empereur des Abiſſins, que l'on apelle quelquefois le *Grand Negus*, ſe dit de la Race de Salomon, par la Reine de Saba; il eſt Chrétien, auſſi bien que ſes Sujets, & prend toûjours l'Ordre de Diacre; mais ils ont une ſi grande averſion pour le Pape & pour l'Egliſe Romaine, que leur Empereur eſt obligé en montant ſur le Trône, de jurer de ne souf-frir dans ſes Etats, aucun Portu-gais ou autre Catholique Romain.

10.

La BASSE ETHIOPIE comprend :

a	Le Monomotapa,	*Simbaoë.*
b	La Cafrerie ,	*Zofala.*

11.

Le ZANGUEBAR se divise en

a Côte de Melinde,   *Melinde.*
b Côte d'Ajan,   *Brava.*
c Côte d'Abex,   *Suaquem.*

Brava est une République, qui s'est mise sous la protection des Portugais, aussi-bien que plusieurs Rois & Princes du Pays dans les Forteresses desquels ils ont garnison.

12.

Les ISLES d'Af. sont entr'autres :

a Les Isles de Cap-Verd, dont la principale est :
   S. Jacques,   *Bibeira.*
b Les Isles Canaries,   *Canarie.*
c L'Isle Dauphine, ou Madagascar,   *Fanchere.*
d L'Isle Madere,   *Fonchal.*
e L'Isle Mascaregne ou Bourbon.

L'on place ordinairement ici l'*Isle de Malthe,* que j'ay joint à la Sicile.

Les Feuves principaux de l'Afrique sont, le *Nil,* le *Niger,* le *Zaire* & le *Couama*

AMERIQUE.

CEtte quatriéme partie du Monde a tiré son nom d'*Amerique Vespuce*, Florentin, qui vers l'an 1497. découvrit ce Continent, dont Christophe Colomb Genois avoit découvert dès l'an 1492. quelques Isles. On l'apelle quelquefois *le Nouveau Monde*, ou *Indes Occidentales*. Elle consiste en deux grandes Peninsules, situées dans l'Ocean Atlantique, & jointes ensemble par l'Isthme de Panama, l'une s'apelle *Amerique Septentrionale*, & l'autre *Amerique Méridionale*. Elles comprenent quatorze parties principales ; sçavoir,

AFRIQUE SEPTENTRIONALE.

1	Le Canada,	*Quebec.*
2.	La Loüisiane,	*Fort-Loüis.*
3.	La Virginie,	*Jamestovvn.*
4.	La Floride,	*Charlestonn.*
5.	Le Mexique,	*Mexico.*
6.	Le nouveau Mexique,	*Sancta Fé.*

AMERIQUE MERIDIONALE.

7. La Castille,   *Panama.*
8. Le Perou,   *Lima.*
9. Le Chili,   *S. Iago.*
10. La Magellanique, *Puerto del fame*
11. Le Rio de la Plata, *Buenos-Aires.*
12. Le Brezil,   *S. Salvador.*
13. La Guayane,   *Cayene.*
14. Les Ifles.

I.

Le CANADA comprend :

a La nouvelle France,   *Quebec.*
b L'Acadie,   *Port-Royal.*
c Angleterre,   *Boston.*
d La nouvelle York,   *Manhate.*

2.

La LOUISIANE ou MISSISSIPI,
                         Fort-Loüis.

3.

La VIRGINIE,   *Jameftovvn.*

4

La FLORIDE,   *Charlftovvn.*

5.

Le MEXIQUE, ou NOUVELLE
ESPAGNE,   *Mexica.*

6.

Le NOUVEAU MEXIQUE,
Sancta-Fé.

Amerique Meridionale.

7.

La CASTILLE d'OR a huit Gouvernemens.

a ⌠ La Terre Ferme ,   *Panama.*
b | La Carthagene ,   *Carthagene.*
c | La Sainte Marthe, *Sainte Marthe*
d | Le Venezuela ,   *Venezuela.*
e | Le Popayan ,   *Popayan.*
f ⟨ Le Paria , ou la nouvelle Anda-
     loufie ,   *Comana.*
g | La nouvelle Grenade , *Sanſta-*
            Fé de Bogota.
h | Le Rio de la Hacha , *Rio de la*
⌡   *Hacha.*

8.

Le PEROU a 4. Gouvernemens ; ſçavoir ,

a ⌠ Los-Reyes ,   *Lima ,*
b ⟩ Le Quito ,   *Quito.*
c ⟩ Los Charcas ,   *la Plata.*
d ⌡ La Sierra ,   *Sanſta Crux.*

9.

Le CHILI, *San Iago.*

10.

La MAGELLANIQUE, *Puerto del-fame.*

11.

Le RIO de la PLANTA comprend :

a ⎰ Le Paraguai, *Buenos-Aires.*
b ⎱ Le Tucuman, *S. Iago de l'Eftero.*

12.

Le BREZIL, *S. Salvador.*

13.

La GUAYANE, *Cayene.*

14.

Les ISLES de l'Amerique font,

a Les Açores ou Terceres, *Angra.*
b Les grandes Antilles ; fçavoir,
b a ⎰ Cuba, *S. Iago.*
b b ⎱ Hifpaniola, *S. Dom ngue.*
b c ⎱ Jamaica, *Port-Royal.*
b d ⎱ Porto-Rico, *Porto-Rico.*

c Les petites Antilles, ou Caribes,
   sçavoir,

ca $\begin{cases} \text{La Guadaloupe,} \\ \text{La Martinique,} \end{cases}$ *aux Fran-
                                       çois.*

cb $\begin{cases} \text{La Barbade,} \\ \text{S. Christophle,} \end{cases}$ *aux Anglois.*

c c S. Thomas,   *aux Danois.*

Les principaux Fleuves de l'A-
merique font dans la Septentrionale ; le Fleuve *S. Laurent* & le
Mississipi : dans la Meridionale,
celui *de la Plata*, & celui *des
Amazones.*

TERRES POLAIRES.

ON apelle de ce nom celles
qui font proche des Pôles,
& qui ne font pas comprifes dans
les quatre parties du Monde : celles qui font vers le Pôle arctique,
s'apellent *Terres Polaires Arctiques*
& font le *Spitzberg*, le *Groenland,*

la *nouvelle Zemble*, la *Terre de Jesso*, &c.

On apelle *Terres Polaires Antarctiques*, celles qui sont vers le Pôle Antarctique, telles que sont principalement la *nouvelle Guinée*, la *nouvelle Hollande*, les *Isles de Salomon*, la *nouvelle Zelande*, la *Terre de Diemens*, la *Terre de Quir*, &c.

ORDRES MILITAIRES

ET DE

CHEVALERIE.

EN ALLEMAGNE.

L'*Ordre Teutonique* fut établi l'an 1191. en Palestine par Henri, Roy de Jerusalem, pour la Noblesse Allemande. L'Empereur Frederic II. à son retour de la Terre Sainte, en amena les Chevaliers en Allemagne, où ils se sont distinguez par leur valeur, sur tout contre les Infideles, sur lesquels ils conquirent la Prusse ; ils l'ont gardée jusqu'en 1525. qu'ils en furent dépossedez par leur Grand-Maître Albert de Brandebourg, qui renonça à l'Ordre pour se faire Lutherien.

Le Grand-Maître Teutonique est Prince du Saint Empire, &

réside ordinairement à Mariendal, en Franconie.

L'Ordre des Dames Esclaves de la vertu, fut institué en 1662. par l'Impératrice Eléonore de Gonzague, veuve de l'Empereur Ferdinand III. pour porter les Dames de sa Cour à la pratique de la vertu.

L'Ordre des Dames de la Croix fut institué en 1668. par la même Princesse, pour conserver la mémoire du Miracle arrivé dans l'incendie du Palais de l'Empereur, où les flâmes respecterent un Crucifix qui renfermoit du Bois de la vraye Croix. Elle le mit sous la protection de la sainte Vierge & de saint Joseph, & le fit confirmer par le Pape Clement IX. en s'en déclarant la Grand-Maîtresse.

L'Ordre de l'amour du Pro-

chain, fut inftitué en **1708**. par l'Imperatrice regnante, Elifabeth de Brunfwick Wolfembuttel, tant pour les Dames que pour les Cavaliers de fa Cour.

L'Ordre de Chevalerie de faint Hubert, que Gerard Duc de Juliers avoit inftitué en **1444**. & qui étoit tombé par l'extinction de cette Maifon, fut rétabli en **1709**. par Guillaume de Newbourg, Electeur Palatin.

L'Ordre de Chevalerie de faint Michel fut inftitué en **1693**. par Jofeph Clement de Baviere, Electeur de Cologne, qui s'en déclara le Grand-Maître, & après lui fes fucceffeurs dans l'Electorat.

EN ITALIE.

L'Ordre Militaire des Chevaliers Hofpitaliers de faint Jean de Jerufalem, dits à prefent *de Mal-*

the, fut inftitué l'an 1104. par
le B. Gerard de Martigues, &
aprouvé l'an 1124. par le Pape
Honorius II. fous la Regle de faint
Auguftin. Son premier inftitut
étoit de fecourir les Pélerins & de
défendre les Saints Lieux contre
les Infideles. Après la prife de Jerufalem, les Chevaliers fe retire-
rent à Acre, d'où les victoires des
Sarafins les contraignirent de for-
tir en 1291. Ils fe réfugierent au-
près du Roi de Chypre, par le fe-
cours duquel ils conquirent l'Ifle
de Rhodes, que Soliman II. l'Empereur des Turcs leur ayant enle-
vée en 1521. Charles V. leur
donna en 1530. l'Ifle de Malthe,
à condition d'en faire homage au
Roi de Sicile.

*L'Ordre de Chevalerie de l'An-
nonciade* fut inftitué l'an 1355.
fous la protection de faint Maurice, par Amadée VI. dit le Vert,
Comte de Savoye.

L'Ordre Militaire de saint Maurice fut institué l'an 1434. à Ripaille en Savoye, fur le Lac de Geneve, par Amedée VIII. premier Duc de Savoye, & élu Pape fous le nom de Felix V.

L'Ordre Militaire de saint Lazare fut établi en Paleftine par les Chrétiens Occidentaux pour le fervice des Lépreux. Il avoit été réüni en 1490. par Innocent VIII. à celui de Rhodes, mais il en fut détaché en 1572. par le Pape Gregoire XIII. à la priere du Duc Philibert Emanuel de Savoye, & uni à celui de faint Maurice.

L'Ordre Militaire du Précieux Sang, fut inftitué à Mantouë en 1603. par le Duc Vincent, pour honorer les trois goutes du Précieux Sang de N. S. J. C. que l'on y conferve.

L'Ordre Militaire de S. Etienne fut institué à Florence en 1560. par Côme I. Il a les mêmes instituts que ceux de Malthe, & les Papes Pie IV. & Pie V. en le confirmant, lui accorderent les mêmes Privileges. Le Grand Duc en est le Grand-Maître.

L'Ordre de Chevalerie de saint Pierre fut institué en 1520. par le Pape Leon X. pour la défense de l'Etat Ecclefiastique.

L'Ordre de Chevalerie de saint Paul fut institué en 1540. par le Pape Paul III.

L'Ordre de Chevalerie de l'Eperon Doré fut institué, ou plûtôt rétabli en 1560. par le Pape Pie IV.

L'Ordre de Chevalerie de saint Marc fut institué à Venise lorsqu'on y transporta d'Alexandrie,

le corps de ce Saint, qui fut déclaré Patron de l'Etat. Il y a auſſi
celui de *la Galſa*, inſtitué pour
former la jeune Nobleſſe à la
guerre

EN ESPAGNE.

*L'Ordre de Chevalerie de la
Toiſon d'Or* fut inſtitué à Bruges
l'an 1429. par Philipe le Bon,
Duc de Bourgogne, & porté en
Eſpagne par Charles V. petit fils
de Marie Heritiere de Bourgogne,
Sa deviſe eſt : *Pretium non vile
laborum.*

L'Ordre Militaire de Calatrava,
ſurnomé le *Galand*, fut inſtitué
l'an 1158. ſous Sanche II. Roi
de Caſtille, qui donna aux Chevaliers la Ville, dont ils portent le
nom.

L'Ordre Militaire d'*Alcantara*,
ſurnommé le *Riche*, fut inſtitué
l'an

l'an 1170. par Gomez Fernand, ſous la Regle de ſaint Benoiſt, & le nom des *Chevaliers de ſaint Julien du Poirier*, qu'ils changerent lorſque le Roi Alfonſe IX. leur eut donné la Ville d'Alcantara.

L'Ordre Militaire de ſaint Jaques de l'Epée, ſurnomé le *Noble*, fut inſtitué l'an 1166. par quelques Chanoines Reguliers pour défendre les Pélerins de ſaint Jaques contre les Maures.

L'Ordre Militaire de Monteſa fut inſtitué l'an 1317. dans le Royaume de Valence, après l'abolition des Templiers.

Les Papes ont permis aux Chevaliers de ces Ordres de ſe marier une fois, & ont uni les Grand-Maîtriſes à la Couronne d'Eſpagne, à la priere de Ferdinand & d'Iſabelle.

EN PORTUGAL.

L'Ordre Militaire d'Avis fut Inſtitué l'an 1147. par Alfonce I. Roi de Portugal, qui après la conquête d'Evora ſur les Maures, y établit pour la garder des Chevaliers, ſous le nom de *Confreres de ſainte Marie d'Evora*, leſquels reçurent quelque tems après un Grand-Maître & la Regle de Cîteaux, & prirent enſuite le nom d'Avis, lorſque le Roi Sanche I. leur eut donné le Château de ce nom.

L'Ordre Militaire de Chriſt fut inſtitué l'an 1318. par le Roi Denis I. pour animer la Nobleſſe de ſon Royaume contre les Maures. Le Pape Jean XXII. le confirma & lui donna la Regle de ſaint Benoiſt. Alexandre VI. permit aux Chevaliers de ſe marier.

EN FRANCE.

L'Ordre des Chevaliers de saint Michel fut inſtitué l'an 1469. par le Roi Louis XI. qui lui donna pour deviſe ces mots : *Immenſi tremor Oceani*, en mémoire d'une Victoire navale remportée ſur les Anglois

L'Ordre de Chevalerie du saint Eſprit fut inſtitué l'an 1579. par Henri III. en mémoire de ce que le jour de la Pentecôte il étoit né, avoit été élû Roi de Pologne, & étoit monté ſur le Trône de France.

L'Ordre Militaire de saint Laʒare fut établi en Paleſtine par les Chrétiens Occidentaux, & uni en 1608. par Henri IV. à celui de N. D. du Mont Carmel, que ce Prince inſtitua.

L'Ordre Militaire de saint Loüis fut inftitué en 1693. par Loüis le Grand, avec 200. mille livres de rente ; fa devife eft : *Virtutis Bellicæ præmium.*

EN GRANDE BRETAGNE.

L'Ordre de Chevalerie de faint George ou *de la Jarretiere*, fut inftitué en 1344. par le Roi Edoüard III. au fujet d'une Jarretiere bleuë, que la Comteffe de Salifburi laiffa tomber en danfant un jour à la Cour, & que le Roi ramaffa, ce qui ayant fait fourire les Courtifans, le Roi juftifia fa civilité par ces mots, qui fervirent de devife à l'Ordre : *Honni fôit qui mal y penfe.*

L'Ordre de Chevalerie de faint André du Chardon fut inftitué en Ecoffe l'an 1488. par Jacques IV. & renouvellé en 1687. par Jaques II. Roi de la Grand Bretagne.

Il a ces mots pour devise : *Nemo me impunè lacesset.*

EN DANEMARC.

L'Ordre Militaire de Danneborg ou *de Sainte Croix* fut institué en 1219. par Waldemar II. & rétabli en 1671. par Christien V.

L'Ordre de Chevalerie de l'Elephant fut institué en 1478. par le Roi Christien I.

EN MOSCOVIE.

L'Ordre de Chevalerie de saint André fut institué en 1698. par le Czar Pierre, sous les auspices de ce Saint, que les Moscovites regardent comme Fondateur du Christianisme en Moscovie.

L'Ordre de Chevalerie de sainte Catherine fut institué en 1715. par le même Prince, tant pour les

Dames que pour les Cavaliers de
fa Cour. Il a pour devife ces mots:
Par l'amour & la fidelité.

EN POLOGNE.

*L'Ordre de Chevalerie de l'Ai-
gle Blanche* fut inftitué en 1325.
par Vladiflas V. & renouvellé en
1705. par le Roi Augufte de Saxe,
qui y ajoûta ces mots: *Pro Fide ,
Lege , & Rege ,* & en honora les
Seigneurs Polonois , qui avoient
été fidelement attachez à fon fervice.

EN PRUSSE.

*L'Ordre de Chevalerie de l'Ai-
gle Noire* fut inftitué en 1701. par
Frederic I. le jour de fon Couron-
nement , avec ces mots pour devife : *Suum cuique.*

LISTE

ALPHABETIQUE

DE TOUTES

LES ABBAYES

DE FRANCE.

L'Ordre & le Diocèse dont elles sont.

Les Lettres Capitales cy-deſſous;
indiquent l'Ordre dont ſont
les Abbayes.

A.   S. Auguſtin.
B.   S. Benoiſt.
C.   Cîteaux.
Cl. Clugni.
F.   Feüillans.
P.   Prémontré.

Les Abbayes de Filles ſont en
Italique.

LISTE
ALPHABETIQUE
DE TOUTES
LES ABBAYES
DE FRANCE.

A.

A		
A Alan.	B	Clermont.
Abecourt.	P	Chartres.
Ahum.	B	Limoges.
Aiguevive.	A	Tours.
Ainai.	B	Lion.
Aires.		Grenoble.
Airvaut.	A	La Rochelle.
Les Alleurs	B	Poitiers.
Allois.	B	Limoges.
Almenisses.	B	Seez.
Ambie.	B	Contances.
Ambornai.	B	Lion.
L'Amour-Dieu.	C	Soissons.

E v

Angles.	A	Poitiers.
Angles.	A	Luſſon.
Aniave.	B	Montpellier.
Arçon.	P	Roüen.
Ardennes.	P	Baïeux.
Ardorel ou Aldret	C	Caſtres.
Argenſoles.	C	Soiſſons.
Arivoir.	C	Troyes.
Artaut.	B	Soiſſons.
Artiſſe.	B	Chartres.
Artone ou Artouſe.	P	Dax.
Arules.	B	Perpignan.
Aſnieres.	B	Angers.
Aube-Pierre.	C	Bourges.
Auberive.	C	Langres.
Aubignac.	C	Bourges.
Auchi,	B	Bologne.
Audecies.		Châlon ſur Marne
Avenai.	B	Rheims.
Aulbazine.	C	Limoges.
Aulnai.	C	Baïeux.
Aulnai.	A	Beauvais.
Aumale.	B	Roüen.
L'Aumône.	C	Chartres.
Aurilhac.	B	S. Flour.
Auvilliers.	B	Rheims.

B.

Baigne.	B	Saintes.
Baterne.	C	Besançon.
Barbeaux.	C	Sens.
Barberi.	C	Baïeux.
Bardelle	C	Bourges.
Bardoux.	C	Auch.
La Barre.	B	Soissons.
Bassac.	B	Saintes.
Basse Fontaine.	P	Troyes.
La Baulme.	Cl.	Besançon.
Beaubec.	C	Roüen.
Beaugenci.	A	Orleans.
Beaulieu	A	Bologne.
Beaulieu.	A	S. Malo.
Beaulieu.	A	Mans.
Beaulieu.	B	Limoges.
Beaulieu.	B	Tours.
Beaulieu en Argon.	B	Verdun.
Beaulieu.	C	Langres.
Beaulieu.	C	Lion.
Beaulieu.	C	Rhodez.
Beaulieu.	P	Troyes.
Beaumont.	B	Clermont.
Beaumont.	C	Langres.
Beaumont. lès-Tours	B	Tours.
Beauport.	P	S. Brieux.
Beaupré.	C	Beauvais.

E vj

Beaupré.	C	*Toul.*
Beauvoir.	C	*Bourges.*
Beauvoir.	C	*Castres.*
Bec-Hellouïn.	B	*Rouen.*
Begard.	C	*Trequier.*
Bellaigne.	C	*Clermont.*
Bel'eau.		*Troyes.*
Belle Branche.	C	*Le Mans.*
Bellecombe.	C	*Le Pui.*
Belle-Etoile.	P	*Baïeux.*
Belle-Fontaine.	B	*La Rochelle.*
Bellevaux.	P	*Nevers.*
Belleperche.	C	*Montauban.*
Belleval.	P	*Rheims.*
Belleval.	C	*Besançon.*
Belleville.	A	*Lion.*
Bellosane.	P	*Rouen.*
Benevent.	A	*Limoges.*
Benisson-Dieu.	C	*Cominges.*
Benisson-Dieu.	C	*Lion.*
Bernai.	B	*Lizieux.*
Bertaucourt.	B	*Amiens.*
Besse.	B	*S. Flour.*
Bezanne.		*Montpellier.*
Beze.	B	*Langres.*
Bidasche.	P	*Baïone.*
Bisigneul.	A	*Amiens.*
Blanche Couronne la vieille.	B	*Nantes.*
Blanchelande.	P	*Coutances.*

Blanzac sécularisée.		*Angoulême.*
Blazimont.	B	*Bazas.*
Boars ou Gohorri.	C	*Laon.*
Bœuf.	B	*Limoges.*
Le Bois, près Beaulieu.	B	*Tours.*
Bois Aubri.	B	*Tours.*
La Boissiere.	C	*Angers.*
Boissi.		*Clermont.*
Bolasse.	C	*Leitoure.*
Bolbonne.	C	*Mirepoix.*
Bonfai.	C	*Langres.*
Bonfayet.	P	*Toul.*
Bonlieu.	C	*Bourdeaux.*
Bonlieu.	C	*Limoges.*
Bonlieu.	C	*Le Mans.*
Bonn.	B	*Senez.*
Bonnecombe.	C	*Rhodez.*
Bonnefont.	C	*Cominges.*
Bonne foi.		*Rieux.*
Bonnes aigues	C	*Limoges.*
Bonnes eaux.	C	*Vienne.*
Bonneval le Touars.	B	*Poitiers.*
Bonneval.	B	*Chartres.*
Bonneval.	C	*Rhodez.*
Bonnevaux.	A	*Limoges.*
Bonnevaux.	C	*Poitiers.*
Bonnevaux.	C	*Vienne.*

Bonrepos.	P	*Quimper.*
Bonport.	C	*Evreux.*
Bons.	C	*Bellai.*
Boseudon.	C	*Embrun.*
Bosquieu.	B	*S Brieux.*
Bouchaud.	C	*Perigueux.*
Bouchet ou Val-luisant.	C	*Clermont.*
Boullancourt.	C	*Troyes.*
Bouraz ou Bon-raz.	C	*Auxerres.*
Bourbon.	A	*Limoges.*
Bourges Deols secularisée.	B	*Bourges.*
Bourg-montier, dit la Chaume.	A	*Nantes.*
Bourgmoyen.	A	*Chartres.*
Bourgeuil.	B	*Angers.*
Bournet.	A	*Angouléme.*
Brantosme.	B	*Perigueux.*
Breteüil.	B	*Beauvais.*
Breval ou Breüil.	C	*Evreux.*
Breval.	C	*Rouen.*
Brevil-Groland.	C	*Lusson.*
Brienne.	B	*Lion.*
Breuil Herbaut.	B	*Lusson.*
Broch aux-Non.	B	*Noyon.*
Brulh.		*Comdom.*
Busili.	P	*Laon.*
La Bussiére.	C	*Autun.*
Bussiére.	C	*Bourges.*

Buſt.	B	*Senez.*
Burzai.	C	*Nantes.*

C

CAdoüin.	C	*Sarlat.*
Cagnotte.	B	*Dax.*
Calers.	C	*Ryeux.*
Candeil.	C	*Albi.*
ou		
Cardail.		
Les Cannes.	B	*Narbone.*
La Capelle.	B	*Boulogne.*
Carbonne.		*Rieux.*
Carlets.	C	*S. Pol de Leon.*
Caſſe-aux Non.	B	*S. Flour.*
La Caſſe Dieu.	P	*Auch.*
Caſte.	B	*Tarbe.*
Cave Fontaine.	C	*Roüen.*
Canvre.	B	*Evreux.*
La Celle. *Voyez* S. Hilaire.		
La Celle des Dames.	P	*Toul.*
Celle Froüin.	A	*Angoul.*
Celle-Medou.	B	*Auch.*
Celliers.	C	*Troyes.*
Cendras.	C	*Nimes.*
Cercamp.	C	*Amiens.*
Cere ou Selle Medon.	B	*Auch.*
Ceriſi.	B	*Baïeux.*
Ceſſac.		*Clermont.*

La Chaire.	A	Meaux.
La Chaife-Dieu.	B	Clermont.
Chaillivoi.	C	Bourges.
Chaloche.	C	Angers.
Chambon.	B	Poitiers.
Chambon Pré-vôté.	B	Limoges.
Chambons,	C	Viviers.
Chambre fontaine.	P	Meaux.
Champagne.	C	Le Mans.
La Chancelade.	A	Perigueux.
Chantemerle.	A	Troyes.
Chantoin.	A	Clermont.
La Chapelle.	P	Toulouse.
La Chapelle aux Planches.	P	Troyes.
Charei	B	Autun.
Charenton.	B	Bourges.
La Charité Dieu.	C	Befançon.
La Charité, près Lefignes.	C	Langres.
Charliene.	P	Soiffons.
Charlis.	C	Senlis.
Charroux.	B	Poitiers.
Charroz.	B	Saintes.
Château Landon.	A	Sens.
Château-Porcien.	P	Rheims.
Chaffaigne.	B	Lion.
Chaffault	C	Lion.
Chaftel.		Chartres.
Les Chafteliers.	C	Poitiers.

Chatillon.	A	*Langres.*
Chaſtres lès Co-gnac.	B	*Sainte*
Chatenai aux Nonains.		*Limoges.*
Chatrice.	A	*Châlons.*
La Chaume ou Bourgmontier.	A	*Nantes.*
Chaumes.	B	*Sens.*
Chaumont.	P	*Rheims.*
Chomozey.	A	*Toul.*
Chelles.	B	*Paris.*
Chauver.	B	*Luſſon.*
Chemillé.	B	*Saintes.*
Cheminon.	C	*Châlons.*
Cherbourg.	A	*Coutances.*
Chere.	B	*Autun.*
Cheri.	C	*Rheims.*
Cheri.	C	*Laon.*
Cherlieu.	C	*Beſançon.*
Chezal.	B	*Bourges.*
Chevrieres.	B	*Poitiers.*
Chezi.	B	*Soiſſons.*
Chorque.	A	*S. Omer.*
Cîteaux. *Chef d'Ordre.*		*Châlons ſur Saone.*
Petit Cîteaux.		*Chartres.*
Clairac.	A	*Agen.*
Claire fontaine.	C	*Chartres.*
Claire fontaine	P	*Laon.*

Clairets.	C	*Chartre*[s]
Clairfoi.	A	*Amien*[s]
Clairlieu.	C	*Châl. sur Saon*[e]
Clairmarest.	C	*Bologn*[e]
Clavas.	B	*Le Pu*[y]
Clervaux.	C	*Langre*[s]
Clauzone.	B	*Ga*[p]
Clermont.	C	*Le Man*[s]
La Clerté.	C	*Tour*[s]
Clugni *Chef d'Ordre.*		*Mâco*[n]
Coermaloen.	C	*Cornoüaille*[s]
Coheri.	C	*Lao*[n]
Cogneres.	B	*Rhodez*
{ Colommaire. ou La Colomne.	C	*Limoges*
Comerci.	B	*Tours*
Combelongue.	P	*Conserans*
Comps.	B	*S. Flour*
Conches.	B	*Evreux*
Conques.	B	*Rhodez*
Conques.	B	*Cominge*[s]
{ La Consolation ou Reconfort.	C	*Autun*
Corbie	B	*Amiens*
Corbillon aux Nonains.	B	*Baïeux*
Cormene.	B	*S. Brieux*
Cormeri.	B	*Tours*

Cormeille.	B	*Lisieux.*
Corneille.	P	*Besançon.*
Corneville.	A	*Roüen.*
Couci.	P	*Laon.*
Coulombes.	B	*Chartres.*
Coulous.	B	*Chartres.*
La Cour aux Nonains ou de l'Eau.	C	*Chartres.*
N. D. la Cour Dieu.	C	*Orleans.*
La Courone. Il y a des Jesuites.	A	*Angoulême.*
Coussi.	P	*Laon.*
La Cousture	B	*Le Mans.*
Courte.	B	*Thoulouse.*
La Creste.	C	*Langres.*
La Croix S. Leufroi.	B	*Evreux.*
Cros.	A	*Sisteron.*
Cruas.	B	*Viviers.*
Cuissi.	P	*Laon.*
Le Cusset.	B	*Clermont.*

D

DAlone.	C	*Limoges.*
Daoulac.	B	*Quimper.*
Daoul.	A	*Valence.*
Dessey.		*Seez.*

Le Desert. aux Nonains.	C	Cahor...
Dieu grace.	P	Air...
Dieville.	P	Dax
Dile.	P	Sens
Dor ou Dec.	P	Le Pui...
Dondieu.	A	Bologne...
Doulas.	A	Cornouaill...
Durbo.		Gap
Dunes	C	Bologne...

E.

Eau.	C	Chartres.
Eaucourt.	A	Arras.
Ebreulle.	B	Clermont...
Ebelle.	C	3. Châteaux.
Edre.	P	Le Pui...
Elem. ou Elaon.	C	Rheims.
Erivaux.	B	Paris.
L'Escale Dieu.	C	Tarbes...
Eschelles.	B	Sens.
Eschelle.	P	Clermont.
Espaupres.	B	Le Mans.
Espegne.	C	Amiens.
Espernai.	A	Rheims.
Esquerines.	A	Tours.
Essai.	B	Coutances.

Essey.		
ou	Cl.	*Agen.*
Essire.		
Essame.	A	*Soissons.*
Estanches.	P	*Verdun.*
Estival.	P	*Toul.*
Estival en charnie.	A	*Le Mans.*
L'Estrille.	P	*Chartres.*
L'Estrille.	A	*Le Mans.*
L'Estrille.	C	*Poitiers.*
L'Estrée.	C	*Evreux.*
Esvahouxpreu.	A	*Limoges.*
Eu.	A	*Roüen.*
Evron.	B	*Le Mans.*

F.

Faremonstier.	B	*Meaux.*
Favars.	B	*Cominges.*
De Faye.	C	*Bourdeaux.*
Ferrieres.	B	*Poitiers.*
La Ferté.	C	*Nîmes.*
La Ferté sur Crône 1. fille de	C	*Châl. sur Saone.*
La Ferté sur Oise.	B	*Laon.*
Fervaques.	C	*Noïon.*
Fescamp.	B	*Roüen.*
Les Feüillans Chef d'Ordre.		*Rieux.*
Figeac sécularisée.	B	*Cahors.*
Flabemont.	P	*Toul.*
Flavigni.	B	*Autun.*

Fleuri , ou S. B. fur Loire.	B	Orleans.
Floran,	B	Condom.
Florege.	C	Frejus.
Foix.	A	Pamiers.
Foncalde.	P	S. Pont de Tonieres.
Fondun.	B	Saintes.
Fontaine le Comte.	A	Poitiers.
Fontaine Daniel.	C	Le Mans.
Fontaine Jean.	C	Sens.
Fontaine Gueraud.	C	Roüen.
Fontaine Gomeri.	C	Roüen.
Fontaine les blanches.	C	Tours.
Font aux Non.	C	Nîmes.
Font chaud.	P	S. Pons.
Font Combault.	B	Bourges.
Font douce.	B	Saintes.
Fonte-froide.	C	Narbone.
Fontgauffe.	A	Sarlat.
Font Guillem	C	Bazas.
Fontenai.	B	Baïeux.
Fontenai.	C	Autun.
Fontenelles.	A	Luſſon.
Fontenelles.	C	Cambrai.
Fontevraut, Chef d'Ordre.		Poitiers.

ont Morigni.	C	Bourges.
Force de Cambuel.	B	Baïone.
rest large.	C	Lescar.
rest-Monstier.	B	Amine.
ucarmont.	C	Roüen.
ougni.	C	Laon.
ourquevaux.	B	Arles.
ranqueval.	C	Nîmes.
La Frevade.	C	Saintes.
roidmont.	C	Beauvais.
euillant.	C	Rieux.

G.

G Alliac,	B	Albi.
Ganderic.	B	Albi.
La Garde-Dieu.	C	Cahors.
Gastine.	A	Tours.
La Gayade.	B	Vannes.
Geauffroide.	B	S. Pont de Tonieres.
Genefton.	A	Nantes.
Genlis.	B	Noyon.
Gif.	B	Paris.
Gimont.	B	Auch.
Gingibon. ou Landveneth.	B	Cornoüaille.
Gohorri. ou Bohars.	C	Laon.

Gomer-Fontaine.	C	*Roüen.*
Gondon.	C	*Agen.*
Gordes.	B	*Bologne.*
Gortz.	B	*Mets.*
La Grace.	B	*Carcaſſone.*
La Grace Dieu.	C	*Saintes.*
Grand Foreſt.	C	*Montauban.*
Grand-champ.	P	*Chartres.*
Grand-Lieu.	B	*Clermont.*
Grande ſelne.	C	*Montauban.*
Grande ſelve.	C	*Toulouſe.*
Grandmont *Chef d'Ordre.*		*Limoges.*
Grandval.	P	*Chartres.*
La Graſſe.	PB	*Carcaſſone.*
La Grenatiere.	B	*Luſſon.*
Greſtain.	B	*Liſieux.*
Griſane.	B	*Lodeve.*
Groſboſe.	C	*Angoulême.*
Le Guard.	C	*Amiens.*
Gue de Launai.	B	*Le Mans.*
La *Guiche.*		*Chartres.*
Guincamp.	A	*Trequier.*
Guitres.	B	*Bourdeaux.*

H.

HAiron de l'Oriene.		*Châl. ſur Marne.*
Ham.	A	*Noyon.*
Hameri.	B	*Coutances.*
Harpenai.	B	*Tours.*

Haute

Hau.	B	*Limoges.*
Haute-fontaine	C	*Châlons.*
Hautvilliers	B	*Rheims.*
Helvares.	C	*Toulouse.*
Heaures.	C	*Toul.*
Hinnebourg.	B	*Vannes.*
Hermieres	P	*Paris.*
Heri.	P	*Amiens.*
Herivaux.	A	*Paris.*
Hermieres.	P	*Paris.*
Hieres.	C	*Toulon.*
Hierre.	C	*Paris.*
Homebat	B	*Mets.*
Humblieres.	B	*Noyon.*

I.

J Andures.	P	*Toul.*
Le Jard	P B	*Lusson.*
Le Jard.	A	*Sens.*
Le Jardin.		*Troyes.*
Jarsi aux Non.	B	*Paris.*
Igni.	C	*Rheims.*
Isenbrombourg	B	*Bologne.*
Jocou.	B	*Aleth.*
Josaphat.	B	*Chartres.*
Jotren.	B	*Noyon.*
Joüarre.	B	*Meaux.*
Joug-Dieu.	C	*Lion.*
Joüi N D.	C	*Sens.*
Joüilliers.	P	*Toul.*
Joye.	C	*Vannes.*

F

Joyenval.	P	*Chartres.*
L'Isle.	C	*Toul.*
L'Isle	A	*Coutances.*
L'Isle-Barbe.	B	*Lion.*
L'Isle-Dieu.	P	*Roüen.*
Isle-Chauvet.	C	*Lusson.*
Issoudun.	B	*Bourges.*
Iverneaux.	A	*Paris.*
Julli.	A	*Meaux.*
Jumieges.	B	*Roüen.*
Justemont.	P	*Mets.*
Juvigni.	B	*Treves.*

K.

K inlo.	C	*Fologne.*

L.

L Agni.	B	*Paris.*
Landais.	C	*Bourges.*
Landevenech. ou Gingibon.	B	*Cornoüaille.*
Langonet.	B	*Cornoüaille.*
Lanzenac.	B	*S Brieux.*
Larpienne.	B	*Rhodez.*
Lapsie.	B	*La Rochelle.*
Leime.	B	*Cahors.*
Lerquai.	C	*S. Brieux.*
Lesdes.	A	*Autun.*
Lesignes.	C	*Langres.*
Lespan.	C	*Le Mans.*
Lessai.	B	*Coutances.*

Lester.	A	*Limoges.*
Lezat	B	*Rieux.*
Limoux.	B	*Perigueux.*
Lieu-Dieu.	C	*Rhodez.*
Lieu-Dieu.	C	*Autun.*
Lieu N. D.	C	*Orleans.*
Lieu-restauré.	P	*Soissons.*
Lioncelle.	C	*Valence.*
Livri.	A	*Paris.*
Longchamp.	C	*Paris.*
Longperrier.	A	*Paris.*
Long-pont.	C	*Soissons.*
Languai.	C	*Langres.*
Longvoye.	P	*Rhems.*
Longues	B	*Baieux.*
Longueville.	B	*Roüen.*
Longvilliers	C	*Bologne.*
Lonlai Gué, ou de Lonlai	B	*Le Mans.*
Loroux sur Loire.	C	*Angers.*
Loroi.	C	*Bourges.*
Luc.	B	*Lescar.*
Luc.	B	*Oleron.*
Lucre.	B	*Oleron.*
Luders.	B	*Strasbourg.*
Luneville	A	*Toul.*
Lure	A	*Sisteron.*
Lutre	B	*Besançon.*
Luxeüil.	B	*Besançon.*
La Luzerne.	P	*Avranches.*

F ij

Lyre.	B	Evreux.
Le Lys	P	Sens.

M.

MAcai.	B	Bourges.
La Magdelaine de Chaudun	A	Chartres.
Madion	B	Saintes.
Maimat.	B	Limoges.
Maizieres.	C	Châl. sur Marne.
Maison des Dames	P	Toul.
Malenoüe.	C	Paris.
Manlieu.	B	Clermont.
Mansiarole.	C	Rieux.
Mareüil.	B	Amiens.
Marcheroux.	P	Roüen.
Marcigni.	B	Autun.
Marillac.	B	Tulles.
Marmoustier.	B	Tours.
Marthe-Raoul.	P	Roüen.
Marsilhao.	B	Cahors.
Le Mas, uni à l'Evêché.	B	Aire.
Le Mas d'Azil.	B	Rieux.
Le Mas Garnier.	B	Toulouse.
Maubuisson.	C	Paris.
Maucade.	C	Viviers.
Mauclerc.	B	Clermont.
Mauleon.	A	La Rochelle.
Mauzac.	B	Clermont.
Meaubée.	B	Bourges.

Median.	B	*Toul.*
Mellerai.	C	*Nantes.*
Mellinais.	A	*Angers.*
Menac.	B	*Limoges.*
Menac.	B	*Clermont.*
La Merci-Dieu.	C	*Poi.iers.*
Milerai.	C	*Nantes.*
Mirat. ou Miroir.	C	*Lion.*
Mireval.	P	*Toul.*
Moiſevaux.	B	*Straſbourg.*
Moiſſac ſécula- riſée.	B	*Cahors.*
Moiſſac.	B	*Montauban.*
Molaize.	C	*Châl. ſur Saone.*
Moleſme.	B	*Langres.*
Molomme.	B	*Langres.*
Moncé.	C	*Tours.*
Monceaux aux Nonains.	A	*Beauvais.*
Monceaux.	B	*Meaux.*
Moncelles.	P	*Châl. ſur Marne.*
Mondidier.	B	*Amiens.*
Mondieu.	A	*Lizieux.*
Moniales.	C	*Auch.*
Monſac.	Cl.	*Clermont.*
Montaure.	B	*Evreux.*
Mont-Dieu.	B	*Baïeux.*
Montebourg.	B	*Coutances.*
Mont-Calvaire.	B	*Laon.*

Mont-Eloi.	P	*Châl. sur Marne.*
Mont-Fleur.	A	*Valence.*
Montfort.	A	*S Malo.*
Montirandé.	B	*Châl. sur Marne.*
Montivilliers.	B	*Roüen.*
Mont-Majour.	B	*Arles.*
Mont de Marsan.	B	*Aire.*
Montmartre.	B	*Paris.*
Montmirel.	A	*Avranches.*
Montolieu.	B	*Carcassone.*
Montpernaux.	C	*Clermont.*
Mont S. Eloi.	A	*Arras.*
Mont S. Marc.	B	*Noyon.*
Mont S. Mareil les Castelet		*Cambrai.*
Mont S. Michel.	B	*Avranches.*
Mont S. Quentin.	B	*Noyon.*
Monstiers.	B	*Le Pui.*
Monstiers en Argone.	C	*Châlons sur Marne.*
Monstiers en Der.	B	*Châl. sur Marne.*
Monstier la Celle.	B	*Troyes.*
Monstier neuf, lès Poitier.	B	*Poitiers.*
Monstiers ramé.	B	*Troyes.*
Monstiers S. Jean.	B	*Langres.*
Moreaux.	B	*Poitiers.*
Moreilles.	C	*La Rochelle.*
Morguienval.	B	*Noyon.*
Morguienval.	A	*Soissons.*
Morigni.	B	*Sens.*

Morimond , 2. fille de	C	*Langres.*
Morimont	B	*Châl. sur Marne.*
Moriancourt.	B	*Amiens.*
Mortagne.	A	*Saintes.*
Mortemer.	C	*Rouen.*
Moüilles.	A	*La Rochelle.*
Mourmont.	B	*Chál. sur Marne.*
Mouzon.	B	*Rheims.*
Murbach.	B	*Strasbourg.*

N.

NAnt.	B	*Vabres.*
Nanteüil en Vallée.	B	*Poitiers.*
Narbor.	B	*Mets.*
Neaufle.	B	*Chartres.*
Neaufle lès vieil.	B	*Chartres.*
Nelle	B	*Troyes.*
Nelle la Reposte.	B	*Troyes.*
Nerlac	C	*Bourges.*
Nermontiers.	C	*Iusson.*
Neuf-fontaine.	P	*Clermont.*
Nidoiseau.	A	*Angers.*
Nieul.	A	*La Rochelle.*
Nizos.	C	*Cominges.*
Nogent l'Artaud.	B	*Soissons.*
Nonencourt.	B	*Amiens.*
Novarigue.	B	*Lodeve.*
N. D. d'Abret.	C	*Castres.*
N. D. de Celle.	A	*Poitiers.*

N. D. de Clairefoi.	A	*Amiens.*
N. D. de la Chapelle.	C	*Toulouse.*
N. D. de Charenton.	B	*Bourges.*
N D. de la Forest.	B	*Amiens.*
N. D. d'Entrevaux.	C	*Apt.*
N. D. de l'Isle-Dieu	B	*Rouen.*
N. D. de l'Isle de Rhé.	C	*Saintes.*
N. D. de Joüi.	C	*Meaux.*
N. D. de Nevers.	B	*Nevers.*
N. D de Grand Champ.	P	*Chartres.*
N. D aux Bois.	A	*Bologne.*
N. D. de Parde ou Pimbou.		*Aire.*
N D. de S. Pierre	C	*Vannes.*
N.D. de Nouvelles lès Gourdon.	C	*Cahors.*
N. D. des Prez.	C	*Troyes.*
N. D. de la Protection.	B	*Coutance.*
N. D. de Vermandois.	P	*Noyon.*
N. D. de la Victoire.	A	*Senlis.*

N. D. des Vertus.	A	Chål. sur Marne.
N. D. de Josaphat.	B	Chartres.
N. D. de la Vallée.	P	Toul.
N. D de Veaux en Orne.	C	Toul.
N. D. & S. André en Goufre.	C	Seez.
N. D. de Chatillon.	A	Langres.
N. D. de Saintes.	C	Saintes.
N. D. de S. Dizier.		Chål. sur Marne.
N. D. de Soissons.	B	Soissons.
N. D. du Desir.	B	Lizieux.
N. D. de Real.	A	Perpignan.
N. D. de la Mange.	B	Vannes.
N. D. de la Vallee.	B	Saintes.
N. D. de Troyes	A	Troyes.
N D. de Grace de Folgoest.	B	Treguier.
N. D du Val.	A	Baieux.
N. D. de Verneaux.	C	Paris.
N. D. de Wast.	B	Tours.
Novaillé.	B	Poitiers.
La Noue.	C	Evreux.
La Nouvelle ou Nonnette lès Gurdons.	C	Cahors.
Noyan.	A	Laon.
Noyers	B	Tours.

N. D. de Be

O.

O Bazine.	C	*Limoges.*
Oigni.	A	*Autun.*
Olivet.	C	*Bourges.*
Orbais.	B	*Soiffons.*
Orbeftier.	B	*Luffon.*
Orcamp.	C	*Noyon.*
Origni aux Non.	B	*Laon.*
Orfac.		*Rodez.*
Orvaux.	A	*La Rochelle.*
Oulhac.		

P.

P Ainpont.	A	*S. Malo.*
Palais.	C	*Limoges.*
Papien.	B	*Tulles.*
Le Paraclet.	B	*Troyes.*
Parivac.		
ou	C	*Agen.*
S. Priquaife.		
Perrigné.		
ou	B	*Le Mans.*
Perrine.		
Perra aux Non.	C	*Angers.*
Partemont.	C	*Beauvais.*
Periac.	A	*S. Flour.*
Perigueux.	B	*Perigueux.*
Peroufe.	C	*Perigueux.*
Peffan.	C	*Auch.*

Des Pierres.	C	*Bourges.*
Pimbou, ou N. D. de Parde.		*Aires en Gaſe.*
Le Pin.	C	*Poitiers.*
{ Pleſſis, ou La Pelice.	B	*Le Mans.*
Polongey.	B	*Langres.*
Pomerais.	B	*Sens.*
Pontault.	C	*Aire.*
Pont aux Dimes.	B	*Meaux.*
Pontieres.	B	*Langres.*
Pontigni, fille de	C	*Auxerre.*
Pont-levoi.	B	*Chartres.*
Pontron.	C	*Angers.*
Pornid.	A	*Nantes.*
Port-Royal lès Paris.	C	*Paris.*
Pralon aux Non.	B	*Langres.*
Pralon.	B	*Liſieux.*
Pré aux Nonains.	B	*Lizieux.*
Pré-Benoiſt.	B	*Limoges.*
La Prée.	C	*Bourges.*
Préignac.	C	*Agen.*
Prémontré, Chef d'Ordre.		*Laon.*
Preſlonne aux Nonains.	B	*Langres.*
Preüli.	C	*Sens.*
Preüilli.	B	*Tours.*

Prieres.	C	*Vannes.*
Proproi.	A	*Valence.*
Proviner.	A	*Sens*
Pfaume	B	*Nîmes.*
Puirond aux Nonains.	B	*Langres.*
ou		
Puits d'Orbe	B	· *Langres.*
Pui Ferrand.	A	*Bourges.*

Q.

Quarante.	A	*Narbone.*
Quimperlai.	B	*Cornoüaille.*
Quinci	C	*Langres.*
Quinci lès-Poitiers.	B	*Poitiers,*

R.

Raiſſon. *Voyez* Arçon.		
Rameru	C	*Troyes.*
La Reau.	A	*Poitiers.*
Rebais.	B	*Meaux.*
Rebeque.	B	*Leon.*
Recamadour.	C	*Mirepoix.*
Le Reclu	C	*Troyes.*
Réconfort, *Voyez* Conſolation.		
Redon.	B	*Vannes.*
La Regle.	B	*Limoges.*
Reillé.	A	*Rennes.*
Relli.	C	*S. Pol de Leon.*
Remiremont.	C	*Toul.*

Rengevalle.	P	*Toul.*
La Reole.	B	*Bazas.*
La Reole.	B	*Tarbes.*
Ribemont.		
Rigni.	C	*Auxerre.*
Rival.	P	*Toul.*
Rivet.	B	*Bazas.*
La Roche.	B	*Paris.*
Rochemadour. sécularifée.	B	*Cahors.*
La Roë.	A	*Angers.*
Des Roches.	C	*Auxerre.*
Roncerai.	B	*Angers.*
La Rofette.	C	*S. ns.*
Roffieres.	C	*Befançon.*
Roftain.	B	*Embrun.*
Roftang.	B	*Tarbe.*
La Rouë.	A	*Angers.*
Rougemont.	B	*Langres.*
Royaumont.	C	*Beauvais.*
Rurmont.	B	*Meaux.*

S.

S Ablonceaux.	A	*Saintes.*
S. Acheul-lès-Amiens.	B	*Amiens.*
S. Aignan.	B	*Montpellier.*
S. Aignan, ou S. Chiulan.	B	*S. Pons.*

S. Allire lès Clermont.	B	Clermont.
S. Amable de Riom, fécula-rifée	A	Clermont.
S. Amand.	A	Sarlat.
S. Amand de Briées	B	Angouléme.
S. Amand de Roüen.	B	Roüen.
S Ambroife de Bourges.	A	Bourges.
S Andoche d'Autun.	B	Autun.
S. André du Ca-telet	B	Cambrai.
S. André lés Clermont	P	Clermont.
S. André de Jau.	A	Perpignan.
S. André lès Vienne.	B	Vienne.
S. André de Bofe	B	Senez.
S André de Vienne	B	Vienne.
S André en Gouffet.	C	Seez.
S. Antoine, Chef d'Ordre		Vienne.
S. Antoine des Champs.	C	Paris.
S. Arnoul de Mets	B	Mets.
S. Apollinaire.	B	Riez.

S. Aphrodite de Beziers.	B	*Beziers.*
S. Apre.	B	*Toul.*
S. Arnoul en Laye.	B	*Chartres.*
S. Aubert de Cambrai.	A	*Cambrai.*
S Aubin d'Angers.	B	*Angers.*
S. Aubin des Bois.	C	*S. Brieux.*
S. Augustin lès Limoges.	B	*Limoges.*
Ste. Austreberte de Monstreüil.	B	*Amiens.*
S. Avit-les-Châteaudun.	A	*Chartres.*
S Barthelemi-lès-Noyon	A	*Noyon.*
S. Auzemoi, lès-Angoul.	B	*Angoulême.*
S. Baasle.	B	*Rheims.*
S. Benigne de Dijon.	B	*Langres.*
S. Benoist sur Loire.	B	*Orleans.*
S. Benoist du Sault.	B	*Limoges.*
S. Bernard de Cambrai.	B	*Cambrai.*
S. Bernard.	B	*Valence.*
S. Berthe de Blangi.	B	*Bologne.*

S. Bertin.	B	Noyon.
S. Bertin de S. Omer.	B	Bologne.
S. Calez.	B	Le Mans.
Sainte Catherine-lès-le Mans.	A	Le Mans.
Sainte Catherine du Mont.	B	Roüen.
S. Cauderi de S. Eſtefe.	B	Albi.
S. Ceſaire.	B	Arles.
S. Chafre, ou Theofrede	B	Le Pui.
S. Cheron-lès-Chartres.	A	Chartres.
S. Cibar-lès-Angoulême.	B	Angoulême.
S. Ciprian-lès-Poitiers	B	Poitiers.
S Clair de Paradis		Montpellier.
S Claire-lès-Vienne.	A	Vienne.
Sainte Claire-lès-Cahors.	B	Cahors.
S. Claude, ou S Oyant du Mont-Joux.	B	Lion.
S. Clement de Mets.	B	Mets.

Sainte Colombe-lès Sens.	B	*Sens.*
S. Corentin.		*Chartres.*
S. Carnille de Compiegne.	B	*Soiſſons.*
S. Creſpin en Chaye.	A	*Soiſſons.*
S. Creſpin le Grand-lès-Soiſſon.	B	*Soiſſons.*
Sainte Croix.	A	*Trequier.*
Sainte Croix de Bourdeaux.	B	*Bourdeaux.*
Sainte Croix de Quimper	B	*Quimper.*
Sainte Croix de Poitiers.	B	*Poitiers.*
S. Cyr au Val de Gallie.		*Chartres.*
S. Cyran en Brenne.	B	*Bourges.*
S. Denis en France	B	*Paris.*
S. Denis de Rheims.	A	*Rheims.*
S. Eloi de Mets.	P	*Mets.*
S Eloi-lès-Noyon.	B	*Noyon.*
S. Eſprit.	A	*Beziers.*
S. Etienne.	A	*Autun.*
S Etiene de Caen.	B	*Bayeux.*
S. Etiene de Dijon ſécularisée	A	*Langres.*

S. Etiene du Cormier.	C	*Laon*
S Etiene des Vallées.	B	*Saintes*
S. Eugene près Sens	A	*Sens*
S. Evroult.	B	*Lizieux*
S Eufebe.	B	*Apt.*
S. Euvert.	A	*Orléans.*
S. Faron-lès-Meaux	B	*Meaux.*
S. Ferme.	B	*Lazas.*
S. Firmin.	B	*Mets.*
S. Flaran.	A	*Condom.*
S. Florent de Bonneval.	B	*Chartres.*
S Florent lès-Saumur.	B	*Angers.*
S Fufcian aux Bois.	B	*Amiens.*
S. Genez.	B	*Montpellier.*
Sainte Geneviéve	A	*Paris.*
S. Genis de la plaine.	A	*Bourdeaux.*
S. Genou de l'Eſtrée.	B	*Bourges.*
S. George-aux-Bois	A	*Le Mans.*
S. George-du-Bois.		*Chartres.*
S. George-ſur-Loire.	A	*Angers.*

S. George de Boicherville.	B	*Roüen.*
S. George de Mirebel.	B	*Baïone.*
S. George de Renne.	B	*Rennes.*
S. Germain des-Prez.	B	*Paris.*
S. Germain d'Auxerre.	B	*Auxerre.*
S Germain lès-Rhodez.	B	*Rhodez.*
S. Germer de Flaix.	B	*Beauvais.*
SS. Gervais & Protais.	B	*Agen.*
S. Gildas.	B	*Vannes.*
S. Gildas secularisée.	B	*Bourges.*
S. Gildas aux Bois.	B	*Nantes.*
S Gildas de la rive.	B	*Nantes.*
S. Gilbert, ou Neuf Fontaines.	P	*Clermont.*
S. Gille secularisée.		*Nîmes*
S. Girom.	B	*Aire.*
S. Gondon.	C	*Agen.*
S. Guillem des Decrets.	B	*Lodeve.*
S. Guillain.	B	*Cambrai.*

S. Henri.	B	Verdun.
S. Hilaire.	B	Carcassone.
S. Hilaire.	B	Beziers.
S. Hilaire de la Celle.	A	Poitiers.
S. Honorat.	B	Meaux.
S. Honorat de Lerins.	B	Grasse.
S. Hubert.	P	Rheims.
S. Jacques.	C	Châl. sur Saone.
S. Jacques de Beziers.	A	Beziers.
S. Jacques de Montfort.	A	S. Malo.
S. Jacut.	B	Dol.
S. Jean lès Amiens.	P	Amiens.
S. J. d'Angeli.	B	Saintes.
S. Jean d'Autun.	B	Autun.
S. Jean aux Bois.	B	Soissons.
S. J. aux Bois.	B	Noyon.
S. J. de Bonneval.	B	Poitiers.
S. J. de la Castelle.	P	Aire.
S. J. de la Falaise.	P	Seez.
S. J. de Grez.	A	Tours.
S. J. de Laon.	B	Laon.
S. J. de Melinois.	A	Angers.
S. J. des prez.	B	Bologne.
S. J. de pré.	A	S. Malo.
S. J. lès Sens.	A	Sens.
S. J. de Valenciennes.	A	Cambrai.

S. J. en Vallée.	A	*Chartres.*
S. J. des Vignes-lès-Soiſſons.	A	*Soiſſons.*
S. Joſſe ſur la Mer.	B	*Amiens.*
S. Joſſe de Dammartin.	P	*Amiens.*
S. *Julien du Pré.*	B	*Le Mans.*
S. Julien de Tours.	B	*Tours.*
S. *Julien* de Dijon.	B	*Langres.*
S. Jus.		*Grenoble.*
S. Juſt.	P	*Beauvais.*
S. Juſt.	A	*Valence.*
S. Laumier de Blois.	B	*Blois.*
S. Laurent de Beaubec.	C	*Roüen.*
S. Laurent.	B	*Cominge.*
S. Laurent des Aubes.	A	*Auxerre.*
S. Laurent de Bourges.	B	*Bourges.*
S. Lazare.	B	*Arles.*
S. Legair.	B	*Saintes.*
S. Leger de Soiſſons.	A	*Soiſſons.*
S. Leon.	A	*Toul.*
S. Leonard.	C	*Saintes.*
S. Leonard de Corbigni.	B	*Autun.*
S. Lîeu.		*Autun.*
S. Lo.	A	*Coutances.*

S. Lomor de Blois.	B	*Blois*
S. Loubover.	B	*Aire*
S. Loup.	B	*Nevers*
S. Loup-lès-Orleans	C	*Orleans*
S. Loup de Troyes.	A	*Troyes*
S. Lucian lès-Beauvais.	B	*Beauvais*
S. Magloire uni à l'Archevêché.	B	*Paris*
S. Mahé	B	*S. Pol de Leon.*
S. Maixent.	B	*Poitiers.*
S. Manſu-lès-Toul.	B	*Toul.*
S. Marcel.	C	*Cahors.*
S.te Marguerite.	A	*Autun.*
Ste. M. Magd. de Bival.	C	*Roüen.*
Ste. M. Magd. de Châteaudun.	B	*Chartres.*
S. Marian-lès-Auxerre.	A	*Auxerre.*
S. Martin des Aires.	A	*Troyes.*
S. Martin-lès-Autun.	B	*Autun.*
S. Martin aux Bois.	A	*Beauvais.*
S. Martin de Cangon.	B	*Perpignan.*
S. Martin aux Jumeaux.	A	*Amiens.*

S. Martin de Me-lingen.	B	*Langres.*
S. Martin de Laon.	P	*Laon.*
S. Martin lès Li-moges.	F	*Limoges.*
S. Martin de Ne-vers.	A	*Nevers.*
S. Martin du Parc.	A	*Evreux.*
S. Martin d'Oroin.	B	*Châl. ſur Marne.*
S. Martin de plein pied.	A	*Bourges.*
S. Martin.	B	*Mets.*
S. Martin-lès-Pontoiſe.	B	*Roüen.*
S. Martin de Rur-remont.	B	*Meaux.*
S. Martin de Seez.	B	*Seez.*
S. Martin de Touart.	B	*Baïeux.*
S. Mathée.	B	*Leon.*
S. Maur ſur Loire.	A	*Angers.*
S. Maurice.	B	*Agen.*
S. Maurice de Senlis.	A	*Senlis.*
S. Maurice.	B	*Cornoüaille.*
S. Maxent.	B	*Poitiers.*
S. Medard-lès-Soiſſons.	B	*Soiſſons.*
S. Meen.	B	*S. Malo.*
S. Melaine-lès-Rennes	B	*Rennes.*

S. Menge lès Châl.	A	*Châl. sur Marn*
S. Menoul.	B	*Bourge*
S. Mesmin de Niecy.	F	*Orlean*
S. Michel.	B	*Tou*
S. Michel sur la Mer.	B	*Avranche*
S. Michel.	B	*Verdun*
S. Michel de Cuper.		*Aleth*
S Michel de Doulers	B	*Amiens*
S. Michel en l'Hermitage.	B	*Lusson*
S. Michel en Tierasche.	B	*Laon.*
S. Michel de Tonnerre.	B	*Langres.*
S. Michel.	B	*Verdun.*
S Mores.	B	*S. Flour.*
S. Nicaise de Rheims.	B	*Rheims.*
S. Nicolas d'Arot.	A	*Arras.*
S. Nicolas-lès-Angers.	B	*Angers.*
S. Nicolas des Prez de Verdun.	C	*Verdun*
S. Nicolas aux Arondeles.		*V. des Ecoliers, Laon.*
S. Nicolas aux Bois.	P	*Laon.*
S. Nicolas des Prez.	B	*Laon.*

S. Nicolas

S. Nicolas de Ribemont.	C	*Laon.*
S^te. Omerande.	B	*Agen.*
S. Oüen de Roüen	B	*Roüen.*
S. Paul.		*Grenoble.*
S. Paul.	P	*Sens.*
S. Paul aux Non.	B	*Beauvais.*
S. Paul de Verdun.	P	*Verdun.*
S. Paul la Ville aux Nonains.	A	*Vienne.*
Sainte Perrine.	C	*Soiſſons.*
S. Pey de Generes.	B	*Tarbes.*
S. Pierre d'Autun.	B	*Autun.*
S. P. de Châlons.	B	*Châlons.*
S. P. du Champ.	B	*Mirepoix.*
S. P. de Corbie.	B	*Amiens.*
S. P. de la Court.	B	*Toulouſe.*
S. P. de Leſter.	A	*Limoges.*
S. P ſur Dive.	B	*Seez.*
S. P. de Lazat.	Cl.	*Rieux.*
S. P. de Medoc.	A	*Bourdeaux.*
S. P. de Moiſſac ſéculariſée.	B	*Cahors.*
S. P. de Lion.	B	*Lion.*
S. P. du Mont.	A	*Mets.*
S. P de Melun.	B	*Sens.*
S. P. de Lagni.	B	*Paris.*
S. P. aux Monts.	B	*Châl. ſur Marne.*
S. P. de la Tour.	B	*Le Pui.*
S. P. de Rets.	B	*Meaux.*
S. P. de Rheims.	B	*Rheims.*

G

S. P. en Vallée des Hermites.	B	*Chartres.*
S. Pierre.	B	*Vienne.*
S. P. le vif lès Sens.	B	*Sens.*
S Policarpe.	B	*Narbone.*
S. Pons.		*Nice.*
S. Project.	B	*Noyon.*
S. Prix de Vermandois.	B	*Noyon.*
S Quentin lès Beauvais.	A	*Beauvais.*
S. Quentin en l'Isle.	B	*Noyon.*
S. Rambert,	B	*Lion.*
S. Rectrude de Marchienes.	B	*Arras.*
S. Remi des Landes.		*Chartres.*
S. Remi aux Non.	B	*Soissons.*
S. Remi lès Sens.	A	*Sens.*
S. Rigauld.	B	*Mâcon.*
S. Riquier.	B	*Amiens.*
S. Romain de Blaye.	A	*Bourdeaux.*
S. Ruf.	A	*Valence.*
S. Satur près Sancerres.	A	*Bourges.*
S. Saturnin de Renard		*Limoges.*
S. Saturnin de Toulouse.	A	*Toulouse.*
S. Saugier aux Bois.	A	*Bologne.*

S. Savin.	B	Poitiers.
S. Sauve.	B	Cambrai.
S. Sauve de Montreüil.	B	Amiens.
S. Sauveur	B	Sencz.
S. Sauv. de Blois.	B	Blois.
S. Sauv. de Blaye.	B	Bourdeaux.
S. Sauv. d'Evreux.	B	Evreux.
S. Sauv. de Lodeve.	B	Lodeve.
S. Sauv. de Vertus.	B	Châl. sur Marne.
S. Sauveur le Vicomte.	B	Coutances.
S. Seine.	B	Langres.
S. Sepulchre.	B	Cambrai.
S. Serge lès Angers.	B	Angers.
S. Sever.	B	Coutances.
S. Severin.	A	Poitiers.
S. Sernin de Touloufe, fecular.		Touloufe.
S. Sever fur l'Adour.	B	Aire.
S. Sever.	B	Coutances.
S. Severin, fécularifée.	A	Bourdeaux.
S. Sulpice.	C	Bellai.
S. Sulpice lès Bourges.	B	Bourges.
S. Sulpice.	B	Rennes.
S. Symphoriac.	B	Mets.
S. Symphorien.	B	Beauvais.

S. Symphorien.	B	Clermont.
S. Syran.	B	Tours.
S. Taurin d'Evr.	B	Evreux.
S. Theaufroi.	B	Le Pui.
S. Thaude r.		Grenoble.
S. Thierri lès Rheims.	B	Rheims.
S. Thoul.	B	Clermont.
Sainte Trinité de Vendôme.	B	Chartres.
S Tiberri.	B	Agde.
Sainte Trinité de Poitiers.	B	Poitiers.
S. Vaft de Mareüil.	B	Amiens.
S. Valeri.	B	Amiens.
S Valier de Clermont.	B	Clermont.
S. Valmer de Bologne.	A	Bologne.
S. Vafi.	B	Le Pui.
S. Vandrillé de Fontenelles.	B	Roüen.
S. Venne.	B	Verdun.
S. Victor en Caux.	B	Roüen.
S. Victor lès Marseille.	B	Marseille.
S. Victor lès Paris.	A	Paris.
S. Vincent.	B	Besançon.
S. Vincent aux Bois.	A	Chartres.
S. Vincent.	B	Mets.

S. Vincent de Bourg.	A	*Bourdeaux.*
S. Vincent de Laon.	B	*Laon.*
S. Vincent du Luc.	B	*Oleron.*
S Vincent.	B	*Le Mans.*
S Vincent de Senlis.	A	*Senlis.*
S. Victore.	B	*Verdun.*
S. Urbain.	B	*Châl. sur Marne.*
S. Waas.	A	*Le Mans.*
S Wast d'Arras.	B	*Arras.*
Salgne.	B	*Nîmes.*
Salive.	B	*Nîmes.*
Salivalle.	P	*Mets.*
Salvanes.	C	*Vabres.*
Sandrac.	B	*Nîmes.*
Sannois.	C	*Laon.*
Saone.	A	*Valence.*
Sard.	C	*Amiens.*
Savigni.	C	*Avranches.*
Savigni.	B	*Lion.*
La Saulsaye aux Nonains.	B	*Paris.*
Saume.	B	*Le Pui.*
Sauve.	B	*Nîmes.*
La Saul.		
Seauve benite.	C	*Le Pui.*
La Seaume majeure.	B	*Bourdeaux.*
Selincourt.	P	*Amiens.*
Selle-Medon.	B	*Auch.*

G iij

Selle S. Eus[i]ee.	F	*Bourges.*
Selve.	C	*Lavaur.*
Selve majeure.	B	*Bourdeaux.*
Sendras.	B	*Nimes.*
La Senonne.	B	*Toul.*
Sept-fons	P	*Langres.*
Sept Fontaines.	C	*Autun.*
Sept fontaines.	P	*Rheims.*
Sercanceaux.	C	*Sens.*
Seville.	B	*Tours.*
Signi.	C	*Rheims.*
Silley.	P	*Seez.*
Simore.	B	*Auch.*
Siri ès Prez.	P	*Amiens.*
Sordes.	B	*Dax.*
Soreze.	B	*Lavaur.*
Souilhac.	B	*Cahors.*
Soulognac.	B	*Limoges.*
Soyon.	A	*Valence.*
Sulli.	B	*Tours.*
Suret.	B	*Perpignan.*
Survives.		*Gap.*
La Sye en Brignon.	B	*Poitiers.*

T.

T Almond.	B	*Lusson.*
Tani ou l'Ani.		*Grenoble.*
Tarascon.	B	*Arles.*
Tard ou Jard.	C	*Langres.*
Tenaille.	P	*Laon.*
Terrasson.	B	*Sarlat.*

Thenailles.	B	*Saintes.*
Therouane.	B	*Bologne.*
Thiers	B	*Clermont.*
Thorigni.	C	*Baïeux.*
Teüilli ou *Thuley.*	C	*Langres.*
Thyron.	B	*Chartres.*
Tironneau.	C	*Le Mans.*
Tonnai-Charente	B	*Saintes.*
Tornus sécularisée	B	*Châl. sur Saone.*
Touars.	A	*Poitiers.*
La Touppe.	P	*Seez.*
Touronet.	B	*Frejus.*
Tourtonirat. ou Turci.	B	*Perigueux.*
Toussaint-lès-Angers.	A	*Angers.*
Toussaint en l'Isle	A	*Châl. sur Marne.*
La Trape.	C	*Seez.*
Tresor	C	*Roüen.*
Tresport.	B	*Roüen.*
La Trinité de Caen.	B	*Baïeux.*
La Trinité de la Luzerne.	P	*Avranches.*
La Trinité Poitiers.	B	*Poitiers.*
Trizai Mauleon	C	*Lusson.*
Trois Fontaines.	C	*Châl. sur Marne.*

Tronchet, *ou* Truchet.	B	*Digne.*
Trouars.	B	*Baïeux.*
Tourpenai. *ou* Turpigni,	B	*Tours*

V

V Alasse.	C	*Roüen.*
Val Bressiere.	C	*Vienne.*
Val des Chaux, Chef d'Ordre.		*Langres.*
Val des Ecoliers *Chef d'Ordre.*		*Langres.*
Val-de-Grace.	B	*Paris.*
Valence.	C	*Poitiers.*
La Valette.	B	*Tulles.*
Val-honete.	C	*Clermont.*
Valemont.	B	*Roüen.*
La Vallée.	B	*Evreux.*
Vallier de Clermont.	B	*Clermont.*
Valmagne *ou* Vaugrain.	C	*Agde.*
Vallonete, *ou* La Valoir.	C	*Clermont.*
Val le Roi.	C	*Rheims.*
Valoires.	C	*Amiens.*

Val Richer.	C	Baïeux.
Val Seri	P	Soiffons.
Val-Serrat.	P	Soiffons.
Val Servare.	C	Paris.
Valum le gard	B	Cornouaille.
Vau Benite.	B	Lion.
Vaubonne.	C	Perpignan.
Vaucelles.	B	Apt.
Vauclair.	C	Laon.
Vau Crefcint.	C	Valence.
Vau-Chrétien.	P	Soiffons.
La Vau-Dieu.	P	Rheims.
Vau Digne.		
Vauladouce	C	Langres.
Vauluifant.	C	Clermont.
Vauluifant.	C	Sens.
Vau N D.	C	Paris.
Vau-Sainte.	C	Valence.
Vau-fecrette.	P	Soiffons.
Vau-Sernai.	C	Paris.
Vau-Seri.	P	Soiffons.
Vau des vignes.	C	Langres.
Velone.	A	Valence.
Vendôme.	B	Chartres.
La Vernuce.	A	Bourges.
Verginet.	A	Arras.
Verneüil.	A	Bourdeaux.
Verneüil.	B	Evreux.
Vervins.	P	Noyon.
La Vez.	A	Coutances.

G v

Vezelai séculari-sée	B	*Autun.*
La Victoire.	A	*Senlis.*
Vierzon	B	*Eourges.*
La Vieuville.	C	*Digne.*
Vigerac.	B	*Limoges.*
Vigogne.	P	*Arras.*
Ville-Chaſſon.	B	*Sens.*
Ville-Dieu.	P	*Dax.*
Ville-Dieu de Dorat.	C	*Limoges.*
Villeloing.	B	*Tours.*
Ville-longue.	C	*Carcaſſone.*
Ville-longue.	C	*Narbone.*
Villemagne.	B	*Beziers.*
Villemont.	B	*Roüen.*
Villemur.	B	*Caſtres.*
Villeneuve.	C	*Nantes.*
Villeneuve.	B	*Uſez*
Villeperche.		*Condom.*
Villiers.	P	*Tours.*
Villiers.	B	*Sens.*
Vincelles.	B	*Beziers.*
Vinhogelier.		*Montpellier.*
La Virginité.	C	*Le Mans.*
Voiſins.	C	*Orleans.*
Volbert.	C	*S. Pol de Leon.*
Urdach.	P	*Baïone.*
Uſerche.	B	*Limoges.*
Urins.	A	*Le Mans.*

Y.

Y Eres.		*Toulon.*
Yerre.	B	*Paris.*
Yſſoire.	B	*Clermont.*
Yvri.	B	*Evreux.*

Z.

Z Ambarch.	A	*Bologne.*

Fin de la I. Partie.

EXPLICATION
des Lettres du Dictionnaire Geographique.

A.   Abbaye.
Ar   Archevêché.
An.   Ville Anſeatique.
B.   Bourg.
Ba.   Bailliage.
C.   Comté.
Cc   Chambre des Comptes.
Ch.   Château.
Co.   Cour des Monnoyes.
D   Duché.
El   Election.
Ev.   Evêché.
F   Ville Forte.
Fo.   Fortereſſe.
Fl.   Fleuve.
G.   Generalité.
I.   Iſle.
Im.   Ville Imperiale.
L.   Lac.
M.   Marquiſat.
Mo.   Montagne.
P   Principauté.
Pa.   Parlement ou Conſeil Souverain.
Pr.   Préſidial. { *Remarquez qu'en Provence les ſenechauſſées tiennent lieu de Préſidiaux.*

Po. Port de Mer.
R.   Royaume.
Riv Riviere.
T.   Tribunal d'Inquifition.
Un. Univerfité.

E X P L I C A T I O N

des Lettres de la feconde Colomne.

a.   Allemagne.
af. Afrique.
am. Amerique.
af. Afie
b.   Ifles Britaniques.
d   Danemarc.
e.   Efpagne.
eu   Europe.
f   France
fl. Flandre, ou Pays-Bas.
h.   Pays-Bas Hollandois.
h.   Hongrie.
j.   Italie.
m.   Mofcovie.
p.   Pologne.
p.   Portugal.
f.   Suede
ff. Suiffes & leurs allliez.
t.   Turquie en Europe.
tp. Terres Polaires.

EXPLICATION

des Lettres qui servent à marquer
les Fleuves.

G.	Guadalquivir.	
E.	Ebre.	
Gu.	Guadiana.	en Espagne.
T.	Tage.	
D.	Douro.	
S.	Seine.	
R.	Rhône.	en France.
L.	Loire.	
Ga	Garonne.	
Da.	Danube.	
El.	Elbe.	
O.	Oder.	en Allemagne.
Rh.	Rhin.	
W.	Weser.	
Wi.	Wistule.	en Pologne.
P.	Po.	en l'Italie.
M.	Meuse.	aux Pays-Bas,
Es.	Escaut.	
Ta.	Tamise.	en Angleterre.
Sa.	Saverne.	

DICTIONAIRE

GEOGRAPHIQUE.

SECONDE PARTIE.

A.

A A Riv.	f	17	b
Aa. Riv.	f	30	a
Aa. Riv.	fl	2	a
Aa. Riv.	ff	14	a
Aa. Riv.	a	5	a
Aar. Riv.	ff	2	a
Aar. Riv.	a	5	e
Aaran.	ff	2	a
Aarberg.	ff	2	a
Aarwangen.	ff	2	a
Abanwiwar. C. Fo.	h	1	a
Abbeville. Pr. El. Fo.	f	17	a e
Abefort. Po.	d	3	a
Abensberg.	a	2	f
Aerconwey.	b	1	f
Aberden. Ev. Un. Fo. Po.	b	2	a

Sainte Agathe. Ev.	j 10 a c
Agde. Ev.	f 7 b
Agen. En. Pr. El.	f 11 a Ga
AGGERBUS.	d 3
Agnani Ev	j 8 a
Agouft. Riv.	f 7
Agoulta Po Fo.	j 11 c
AGRA R. Fo.	af 4
{ Agram. ou C Ev. Fo. Zagrab	h 2
Agria. Ev. Fo.	h 1 a
Aquatulco. Po.	am 5
Agurande.	f 29
Agrigente. ou } Ev. Gergenti	j 11 a
Aguilar. B. C	e 1
Ahlborg. Ev.	d 2 a c
AJAN.	af 11
Ajazzo. Ev. Fo Po.	j 12. b
Aichftet. Ev. P. Fo.	a 9 c
Aigle.	f 16 a
Aigle.	ff 2 a
S Aignan. D.	f 20
Aiguemortes.	f 7 b
Aiguebelle.	j 1 a
Aigueperfe.	f 22 b
Aiguillon D.	f 11 a c
Ainza.	e 8
Aire. Ev.	f 11 b f

Almada.	p	4	
Almaden.	e	3	
Almanzor.	af	3	
Almeria Ev. F. Po.	e	4	
Almifa. Fo.	t	8	a
Almunha.	e	8	
Aloft Fo.	fl	1	a
Aloes. Mo.	f	&	j
ALSACE.	f	1	
Alta mura. P.	j	10	c
Altena.	a	4	a
Altenhoven.	a	1	a
Altembourg.	a	2	f
Altembourg. P.	a	3	c
Altembourg F.	h	1	b
Altembourg.	h	3	
Alto-monte.	j	10	d
Altorff. Un.	a	8	
Altorff.	ff	4	
Altfaz.	ff	14	f
Altzheim.	a	6	d
Alzira.	e	6	
Amalfi. D. Ar.	j	10	a b
S. Amand. El.	f	20	
S. Amand Fo.	f	18	a
Amanthea. Ev.	j	10	d a
S. Amarin	f	1	c
Amazones. Fl.	am	ʼ3	
AMASIE.	af	1	
Amberg. F.	a	2	g
Ambleteufe. Po.	f	19	a f

Amboine I	af 9
Amboile. El.	f 25 L
S. Ambroife.	j 1 b
S. Ambroife.	f 7 b
Ameland. I.	h 5
Amelia Ev.	j 8 g
Amersfort.	h 4
Amhara.	af 9
Amiens C. Ev. G. El. Ba. Co. Pr Fo.	f 17 a a
Ampurias. Po.	e 7
Amfterdam. Co. Cc F. Po.	h 1 a
ANATOLIE.	al
Apelam. An. F.	a 3 f b
Ancône. Ev. Un. Fo. Po.	j 8 h
Anere	f 17 a b
ANDALOUSIE. R.	e 3
Nouvelle Andaloufiie.	am 7
Andance.	f 7 c a
Andelis. El. P.	f 16 a
Andés. Mo.	am 8.
S. Andiol.	f 7 c a
Andernac.	a 6 c Rh
S. André. Ar. Un. Fo. Po.	b 1 b
S. André Ev.	a c
S. André. Fo. Po.	e 11.
Andri D. Ev	j 10 c b
Andrinople. Fo.	t 1
Andro. I.	t 15
Anduzar	e 3
Anet. B. Ch. P.	f 28

ANGAMALA R. Fo.   af 5
Los Angelos. Ev.   am 5
S. Angelo in vado. Ev.   j 8 1
Angle.   f 14
ANGERMANIE.   S 1
Angermund.   p 2
Angers Ev.Un.Co.Pr.Ba.El.   f 26
Angerville.   f 30
Anglesey. I.   b 1
ANGLETERRE. R.   b 1
Nouvelle ANGLETERRE.   am 1
ANGOLA. R.   af 8
Angoumois. D.   f 12
Angoulême D.Ev. El. Pr.   f 12
Angra. Ev. Fo. Po.   am 14
Anhalt. P   a 3
Anholt. C.   h 3
Anjou. D.   f 26
Annaberg.   a 3
S. Anna.   am 1
Anneci Ev.   j 1
Anspach. M.   a 9
Antequera. Fo.   e 4
Antequera. Ev.   am 5
Antibes. F. Po.   f 6
Antiliban. Mo.   af 1
Antilles. I.   am 14
Antin. B. D.   f 11
Antioche.   af 1
Antitaurus. Mo.   af 1
Antivari. An.   t 8

S. Antonin.	f	11	a f
Antrain.	f	15	a
Antrefme.	f	27	a
Antrim. C.	b	3	d
Anvers. M. Ev. Fo.	fl	2	a
Aoulte. D. Ev. Fo.	j	1	b
Apennin M.	j	6	
Apenrade. Fo. Po.	d	2	b a
Appenzel. B.	ff	13	
Apotawitz.	h	3	
APOUILLE.	j	10	
Apt. Ev Ba.	f	6	a
Aquapendente. Ev.	j	8	e
Aquafparta. B. D.	j	8	g
Aquatulco. Fo. Po.	am	f	
Aquila. Ev.	j	10.	b b
Aquilée. Ar.	j	9	b
Aquino. C. Ev.	j	10	a a
ARABIE.	af	1	f
ARACAN. R.	af	6	f
Arad. Fo	h	1	a
ARAGON. R.	e	8	
Aragon. Riv.	e	8	
Arafch. Fo. Po.	af	2	d]
Arbois. B.	f	2	
Arbon.	ff	14	a
Arcangel. Ar. Fo. Po.	m	2	
Archidona.	e	3	
Arco. Ch. Fo.	a	1	k
Arcos. D.	e	3	
Ardat. Ev. Po.	b	3	b

Ardée.	b	3	d
Ardes.	f	22	
Ardembourg.	fl	1	a
Ardey.	b	3	b
Ardres. P.	f	17	a f
Aremberg. D.	fl	1	a
Arenzo. Ar.	j	10	d
Arensberg. C.	a	6	c
Arenswald.	a	3	e b
Arequipa Ev.	am	8	a
Arezzo. Ev	j	6	a
Argens.	f	29	
Argentan. Ba. El.	f	6	b
Argenteuil.	f	28	5
Argenton.	f	14	a
Argenton.	f	29	
Argile.	b	2	b
Argow C.	ff	14	e
Archusen Ev. Fo.	d	2	a b
Ariano. D. Ev.	j	10	a b
Arica. Fo. Po.	am	8	a
Arima. Po	af	8	b
Arles. Ar Pr. Ba.	f	6	a R
Arleux.	f	17	b
Arlon	fl	5	a
Armach. C. Ar.	b	3	d
Armagnac. C.	f	11	b b
Armençon Riv.	f	3	a
ARMENIE. R.	af	1	
Armentieres Fo.	f	18	a
Armuyden Po,	h	2	a

Arnaileduc.

H

Auxerre. C. Ev. Ba. Pr.	f	3	a
Axel. Fo.	fl	1	b
Ayello. D.	j	10	d a
Aymet.	f	11	a c
Aymonte. Fo.	e	3	
Ayr. Po.	b	2	b
Azolo.	j	9	d
Azuaga.	e	2	d

B.

B Aar. C.	a	8	g
Babelmandel. I.	af	12	
Babolitza.	h	2	
Baccarach.	a	6	d
Bachu.	af	3	c
Baciesarai. Fo.	t	2	a
Backow. Ev.	t	4	
Badajox. Ev. Fo.	e	2	d Gu
Bacca Un.	e	2	
Baden C. Fo	ff	14	e
Baden M.	a	8	d
Baffo. Po.	af	19	a
Bagdat Fo.	af	1	c b
Bagnarea D. Ev.	j	8	e
Bagneres	f	11	b e
Bagnolo. D.	j	10	c b
Bahus Fo.	d	3	e
Baïeux. Ev. El. Ba.	f	16	b
Baïona. Fo Po	e	12	
Baïone. Ev. Fo. Co. Po.	f	11	b g
Balaguer.	c	7	

Balbaſtro. Ev. Fo.	e	8	
Bâle. Un. Fo	ſſ	9	Rh
BALEARES I.	e	14	
Bamberg. Ev. P. Un.	a	9	a
Banckock. Fo Po.	aſ	6	c
Bangor. Ev.	b	1	f
Bantam. Fo. Po.	aſ	9	c b
Bapaume. Fo.	f	17	b
Baranywar. C. Fo.	h	1	a
Bar. Fo.	p	1	h
Bar-le-Duc. D. Cc. B.	f	32	b
Bar-ſur-Aube El.	f	19	a
Bar-ſur-Seine. Ba.	f	3	a
Barantola.	aſ	2	a
Barbades. I.	am	14	
Barbançon. P.	fl	3	
BARBARIE.	af	2	
Barberin.	j	6	a
Barbeſieux.	f	12	a
Barbi. C.	a	3	d
Barbora. Po.	af	11	b
Barca. Fo.	af	2	a
Barcelone. Ev. Pa. Fo. Po. Un. T	e	7	
Barcelos D.	p	1	
Barcelonete. P. Fo.	f	6	a
Bareit	a	9	d
Barfeld.	h	1	a
Bari. D. Ar. Fo.	j	10	c b
Barjols. Ba.	f	6	a
Barkan. Fo.	h	1	a

Barletta. Ev.	j	10	c b	
BAROIS.	f	32		
Barraboa. Po.	af	11	b	
Barraux. Fo.	f	5		
Barſemberg. C.	h	1	a	
Bart. C. F.	a	3	f a	
Bartenſtein.	p	3	b	
Barwich	b	1	g	
Barzod. C	h	1	a	
BASILICATE.	j	10		
La Baſſée. Fo.	f	18	a	
Baſſembourg.	a	9	d	
Baſſigni.	f	19	a	
Baſſora Fo. Po.	af	1	c b	
Baſtie. Ev. Fo. Po.	j	12	b	
Baſtogne.	fl	5	a	
Batancos Po.	e	12		
Batavia. Fo. Po.	af	9	c b	
Batembourg Fo.	h	3	a M	
Bath. Ev	b	1	e	
Batha C. Ev.	h	1	b Da	
Battemberg.	a	7	c b	
Bavais	f	18	b	
Baugé. El.	f	26		
Baugev. M	f	3	b	
BAVIÈRE. D.	a	2		
Bautzen Fo.	a	10	d a	
Baux. M.	f	6	a	
Bazas Ev Pr.	f	1	a ͻ	
BEARN P	f	10		
Beaucaire. Ba.	f	7	b R	

Beauce	f	30		
Beaufort D.	f	19		
Beaufort. D.	f	26		
Beaugenci.. El.	f	30	a L
Beaujeu. El.	f	4	b
Beaujolois. C.	f	4	b
Beaulieu.	f	25	
Beaumont le Roger. C.	f	16	a
Beaumont. C.	f	16	b
Beaumont. B. C.	f	17	b
Beaumont.	f	19	a
Beaumont. C.	f	28	
Beaumont le Vicomte. D.	f	27	a
Beaumont. C.	f	11	a c
Beaune. Ba.	f	3	a
Beaupreau D.	f	26	
Beauregard.	f	4	d
Beauvais. Ev. C. El. Pr. Ba.	f	28	
BECHIRA.	af	1	
Bedfort. C.	b	1	h
Beflis. Fo.	af	1	e b
Beja. D.	p	4	
Beichlengen. C.	a	3	c
Beilftein.	a	7	d
BEIRA.	p	3	
Beïruth.	a	9	d
Belac. El.	f	24	
Belcaftro. Ev.	j	10	d b
Belez.	p	1	c
Belgarten.	a	3	f b
Bellai. Ev. Ba.	f	3	c

H iiij

Berne. Un F.	ſſ	2	a
Berney. C. Ba. El.	f	16	a
Bernow.	a	3	e c
Bernſtad.	a	10	c a
BERRI. D.	f	29	
Berſello. Fo.	j	5	b
Bertinàro. Ev. Fo.	j	8	k
S. Bertrand. Ev.	f	11	b e
Berwald.	a	3	e b
Berzette. Fo	j	4	a
Beſançon. Ar.Un.Pa.Ba.Fo.	f	2	
BESSARABIE.	t	2	
Betfort. Fo.	f	1	c
Bethune. Fo.	f	17	b
Betlis. Fo.	aſ	1	d a
BETUVE.	h	3	
Beveland. I.	h	2	
Bezanci.	f	19	a
Beziers. Ev. Pr.	f	7	b
Bexa.	p	5	
Biberach.	a	8	
BIAFARA. R.	af	7	
Bialegrodko.	p	1	i
Bialegrod.	t	2	b
Bicoque.	j	2	a
Bidaſſoa.	e	10	
Biella.	j	1	b
Bielski D.	m	1	
Bielsko. Fo.	p	1	e
Bienne.	ſſ	15	
Bieſigheim.	a	8	c

BIGORE. C	f	11	b	
Bilbao. Fo. Po.	e	10	a	
BILEDULGERID.	af	3		
Bilefeld. Im.	a	5		
Bingen	a	6	a	
Birkenfeld. P. Fo.	a	6	d	
Biron.	f	11	a c	
Bifaccia. Ev. D.	j	10	a c	
BISCAYE.	e	10		
Bifette. C. Ch.	f	32	a	
Bifchoftheim. Fo.	a	9	b	
Bifchoffwert	a	3	a	
Bifchofzel.	ff	14	a	
Bifegli. Ev.	j	10	c b	
Bifental.	a	3	a	
Biferta. Fo. Po.	af	2	c	
Bifmarc. Fo.	a	3	e a	
BISNAGAR. R. Fo.	af	5	d	
Bifignano. P. Ev.	j	10	d a	
BITO. R	af	6		
Bitonto. M. Ev.	j	10	c b	
Bittetto. Ev.	j	10	c b	
Bivona. D.	j	11	a	
Blamont. B. C.	f	2		
Blanckemberg. C.	f	12	a	
Blanckenberg. B. Po.	fl	1	a	
Blanckenbourg. B. C.	a	4	d	
Blanckenheim. B. C.	a	6	b	
Blanfac.	f	11	b	
Blanfi.	f	3	a	
Blavet. Po.	f	15	b	

Blaye. Fo.	f	11	a	a
BLEKING.	f	2	c	
Bleneau.	f	30	a	
Blois D. Ev. Cc. El. P.	f	30	d	L
Blonicz	p	1	a	
Bochira. Po.	af	1	c	
Bodenstein Fo.	a	9	a	
Bodrock. C. Fo.	h	1	a	
Bog. Riv.	p			
BOHEME. R	a	10		
Boïano. D Ev.	j	10	b	c
Boine Riv.	b	3		
Bois-le-duc Fo.	fl	2	b	
Bolesk. Ar.	m	2		
Boleslaw.	a	10	a	
Bolkenhaim. Ev. Fo.	a	10	c	
Bolswart.	h	5		
Bologne Ar. Un. Fo.	j	8	m	
Bolzano.	a	1	k	
Bomel. Fo.	h	3	b	
Bonne. Po.	af	2	d	c
Bonn. Fo.	a	6	c	Rh
Bonneville.	j	1	a	d
Borcklo.	fl	2	b	
Borkloé.	a	5	a	
Bordelong. Fo. Po.	af	6	e	
Borgo di valdi Toro. Fo.	j	4	a	
Borgo Forte. Fo.	j	3		
Borgos S. Domino. Ev.	j	8	d	
Borgo S. Sepulchro. Ev.	j	6	a	

Boristhene, ou Nieper.	Fl	p	1
BORNEO. I. Po.		af	9 b
BORNO. R.		af	6
Bosa. Ev. Po,		j	12. a
BOSNIE. R.		t	6
Bolton. Fo.		am	1 e
BOTHNIE.		f	3.
Bova. Ev.		j	10 d b
Bouchain. Fo.		fl	18 b
Bouflers. B D.		f	28
Bovines.		fl	4
Bovino. D. Ev.		j	10 c a
BOUILLON. D F.		f	19
Bourbon. I.		af	12
Bourbon l'Archembaut.		f	21
Bourbon-Lanci.		f	3
BOURBONOIS. D.		f	21
Bourbourg.		f	18 a
Bourdeaux. Ar. Un. Pa. G. El. Co. Pr. Fo.		f	11 a a
Bourg. Ba. Pr.		f	3 b
Bourganeuf.		f	23
Bourges. Ar. Un. Co. G. El. Pr. Ba.		f	29
BOURGOGNE. C.		f	2
BOURGOGNE. D.		f	3
Bourtange. Fo.		h	7
Bozzolo. P. Fo.		j	3
BRABANT. D.		fl	2

Bracciano. D	j	8	b
Brackel. Fo.	a	5	c
Braclaw. Ev Fo.	p	1	h
Braga Ar. Un.	p	2	
Bragança. D. Ar.	p	2	
BRANDEBOURG M. Fo.	a	3	e G
Braſlaw. Fo.	p	2	a
Braſſaw Ev.	h	3	
Brava. Fo.	af	11	b
Braunſberg.	p	3	b
Braunsfeld.	a	7	d
Brechin. Ev.	b	2	a
Brechin. Fo.	a	10	a
Breda. Fo.	fl	2	b
Bredenborg.	a	4	a a
Brederode. Fo.	h	1	
Brefort.	h	a	d
Bregents. C. Fo.	a	1	i
BREMA. R. Fo.	af	6	b f
Breme. D. An. Fo.	a	4	f
Bremcfurde. Ch. Fo.	a	4	f
Bremgarten.	ſſ	14	c
BREZIL.	am	12	
Breſlaw. D. Ev. Un. Fo.	a	10	c b E l
BRESSE. D.	f	3	b
Breſſia. Ev Un. Fo.	j	9	i
Breſſici. Ev. Fo.	p	1	f
Breſt. Fo. Po.	f	15	b
BRETAGNE. D.	f	15	
Nouvelle Bretagne.	am	1	
Breteüil.	f	16	a

Brezíti. Fo.	p	1	c
Briançon. Fo. Ba.	f	5	
Briare.	f	30	c
Bridgewater. C.	b	1	e
Bridlington. Po.	b	1	g
Bridport B. Po.	b	1	e
BRIE . C	f	19	b
Brie-Comte-Robert.	f	19	b
Brieg. D.	a	10 c	b El
Brienne C.	f	19	a
S. Brieux Ev.	f	15	a
Brignala. Ev.	j	7	b
Brignole. Ba.	f	6	a
Brihuega.	e	2	a
La Brille Po. Fo.	h	1	a
Brindes Ar. Fo. Po.	j	10 c	c
Brinn. Fo.	a	10	b
Brionne. C.	f	16	a
Brioude	f	22	b
Brisac (vieux) Fo.	a	8	f
Brisac (new) Fo.	f	1	c
Brisgaw.	a	8	f
Brissac. D.	f	26	
Bristol. Ev P.	b	1	e
Brives. Pr. El.	f	23	
Brixen. Ev. P. Fo.	a	1	l
Bronchorst. C Fo.	h	3	d
Brouage. F Po.	f	13	
Brouvershaven Po.	h	2	c
Bruck.	a	1	b
Bruges. Ev.	f	1	a

Brugneto. Ev.	j	7	b
Bruneck. Fo.	a	1	l
Brunfbuttel. Fo.	a	4	a b
BRUNSWICK D. Fo.	a	4	c
Bruxelles. Cc. Fo.	fl	2	a
Buchaw. A. P Im.	a	8	
Buchorn Im.	a	8	
Buckingham. C.	b	1	h
Bucquoi. B. C.	f	17	b
Bude. Fo	h	1	b
Budinden. C.	a	7	d
Budoa Ev Fo.	t	8	b
Budweis. Ev.	a	10	a
BUGEY.	f	3	c
Buenos Aires. Ev.	am	11	a
Bug. Riv.	p	1	
BUGIE. Po. Fo.	af	2	c
BULGARIE. R.	t	5	
Bulgarski. D. Ar. Fo.	m	2	
Burchaufen. Fo.	a	2	f
Buren. C.	h	3	b
Burgaw. M Fo.	a	8	f
Burgos. Ar.	c	1	
Burich. Fo.	a	5 g	Rh
Burfe. Fo.	af	1	a
Butera. P. Fo.	j	11	c
Butrinto. Ev Po.	t	11	
Butzaw.	a	4	b
Butzbach	a	7	d

C.

CACONGO. R.	af	8	
Cadalen.	f	7	a
Cadenac.	f	7	a
Cadillac.	f	11	a a
Cadix Ev. Fo. Po.	e	3	
Cadiant. Fo	fl	1	b
Caen. Un. G. El. B. Co.	f	16	b
Caffa Fo. Po.	t	2	a
CAFRERIE	af	10	
Cagliari. Ar. Un. T. Fo Po.	j	12	a
Caglio. Ev,	j	8	d
Cahors. Ev. Un. El. Pr.	f	11	a d
Cajanebourg. B. Fo.	f	5	d
CAJANIE.	f	5	
Cajazzo. Ev.	j	10	a a
Le Caire Fo.	af	1	b
CALABRE.	j	10	
Calais. Pr. Fo. Po.	f	17	a f
Calatajud.	e	8	
Calatrava	e	2	c Gu
Calcar Fo.	a	5	g
Calemberg. D.	a	4	c
CALICUT. R. Po.	af	5	b
Callahora Ev.	e	1	
Callao. B. Po.	am	8	a
Calmar. Fo. Po.	f	2	a b
CALOMBA R.	af	6	
Calvi. Ev Fo.	j	12.	b
Calvi. Ev.	j	10	a a

Cantazara Ev.	j	10	d b
Cantecroix. B. C.	fl	2	a
Cantorberi. Ar.	b	1	c
Cap-verd.	af	12	
Capaccio. D. Ev.	j	10	a b
La Capelle F.	f	17	a d
Capez. Po	af	2	
CAPITANATE.	j	10	
Capo-d'Istria. Ev. F. Po.	j	9	c
Capofwar.	h	1	b
Capouë Ar. F.	j	10	a a
Capraria. I	j	7	b
Caprée. I Ev.	j	10	
CARAMANIE.	af	1	
Carbone.	f	7	a Ga
Carbognano. B. P.	j	8	c
Carcassonne. C. Ev. Pr.	f	7	b
Cardiff. Po.	b	1	f
Cardighan. C. F.	b	1	f
Cardone. D.	e	7	
CARELIE.	f	5	
Carelsbog.	f	1	c
Carentan. El. Ba.	f	16	b
Cargapol. D	m	2	
Cariati P Ev.	j	10	d a
CARIBES. I.	am	14	c
Carich. Ev.	b	3	b
Carignan. P. Fo.	j	1	b P
Carinola. C. Ev.	j	10	a a
CARINTHIE. D.	a	1	
Carlbourg. Fo.	a	4	f

Cartile. C. Ev.	b	1	g
Carlingford. Po.	b	3	d
Carloſtat F.	f	2	b a
Carlowits. F.	t	7	b
Carlſbaden.	a	10	a
Carlſbourg F.	a	4	f
Carlſeron. Po.	ſ	2	b b
Carlſtat.	a	9	b
Carlſtein. Fo.	a	10	a
Carmagnole. Fo.	j	1	b
Carnavan. C Po.	b	1	f
CARNIOLE. D.	a	1	
La Caroline. Fo.	am	4	
Carblſtat. F.	ſ	2	b a
Carpentras. Ev.	f	6	b
Carpi. P. Ev. F.	j	5	a
Carrara. P. F.	j	7	c
Cartagene. Ev. F. Po.	e	5.	
Cartagene Ev. Po.	am	7	b
Caſal. Ev. F.	j	1	c
CASAN. R. Ar. F.	as	2	b
Caſbin. Un. F.	aſ	3	b
Caſerta. D. Ev.	j	10	a a
Cashel. Ar.	b	5	b
Caſſaigne.	f	11	b a
Caſſano P. Ev.	j	10	d a
Caſſel. F.	a	7	c a
Caſſovie. C. F.	h	1	a
Caſſubie. D.	a	3	f
Caſtanowitz. F.	t	7	a
Caſtel. C.	a	9	

Castel-amare. Ev. Po.	j	10	a	
Castel-Aragonese. Ar.Po.F.	j	12	a	b
Castel-Gondolfe.	j	8	a	
Castel-blanco	p	3		
Castel-Bolognese.	j	8	m	
Castel-de Vide. F.	p	5		
Castel-duranté.	j	8	i	
Castel-Follit.	e	7		
Castel-Franco. F.	j	8	m	
Castel-Geloux. B.	f	11	b	h
Castellana. Ev.	j	8	b	
Castellane Ba.	f	6	a	
Castellaneta. P Ev.	j	10	c	c
Castellon.	e	7		
Castelmoron.	f	11	b	h
Castelnaudari. Pr.	f	7	a	
Castelnovo Ev. F.	t	8	b	
Castel S Elme Fo.	f	8		
Castel S. Pietro. Ev.	j	8	m	
Castiglione. R. F.	f	3		
Castiglione. P	j	10	d	a
CASTILLE. P.	e	1		
CASTILLE D'OR.	am	7		
Castillon.	f	11	a	a
Castres. C. Ev.	f	7	a	
Castro. D. F.	j	8	d	
Castro. Ev.	j	10	c	c
CATALOGNE. P.	e	7		
Catania. Ev. Un. F.	j	11	b	
Cataro. F.	t	8	b	
Le Catelet.	f	17	a	c

Caterlagh. C	b	3	a
Catholica. P.	j	11	a
Catzellembogen. C.	a	7	d
Cava Ev.	j	10	a b
Cavan. C.	b	3	d
Cavaillon. Ev.	f	6	b
Caub.	a	6	d
Caudebec. Ba. El. Pr.	f	16	a
Caumont.	f	11	a b
Caux. Ba.	f	7	a
Cayenne.	am	13	
Cazimir.	p	1	b
Cazoli. D.	j	1	b a
Cedogna. Ev.	j	10	a c
Cefalonie. I Ev. F.	j	9	m
Cefalu Ev.	j	11	b
CEILAN I.	af	9	b
Celano. C.	j	10	a'c
Celebes. I.	af	9	
Ceneda. Ev.	j	9	d
Cepus. C. F.	h	1	a
Cerbera. Un.	e	7	
CERDAGNE. C.	e	7 & f 8	
Cerigo. I.	t	15	
Cervia. Ev.	j	8	c
Cefarée	af	1	a b
Cefena Ev Un.	j	8	k
Cette. Po.	f	7	b
Ceva. F. M.	j	1	b
Cevennes.	f	7	b
Chabanois. P.	f	12	a

CHABLAIS. D.	j	1	a	
Chaife-Dieu.	f	22	b	
Chalamont.	f	4	d	
Châlons fur Saone. Ev. Ba.	f	3	a	
Châlon fur Marne. Ev. C. G. Pr. El.	f	19	a	
CHALOSSE.	f	11	b	
Chamb. C.	a	2	g	
Chamberi Pa. Cc. F.	j	1	a	a
Chambor.	f	30	d	
La Chambre. M.	j	1	a	f
CHAMPAGNE C.	f	19		
Champigni.	f	25		
LOS CHARCAS.	am	8		
Charente Riv.	f	12		
La Charité.	f	20	L	
Charlemont. F.	fl	4		
Charleroi F.	fl	4		
Charleville. P F.	f	19	a	M
Charlftown Fo.	am	4		
Charole C Ba.	f	3	a	
Charroft D.	f	29		
Chartres D. Ev. Pr. El.	f	30	b	
Chartres.	f	29		
Château-Briant C.	f	15	a	
Château-Chinon.	f	20		
Château-Dauphin. Fo.	f	5		
Château du Loir.	f	27	a	
Château-Dun.	f	30	f	
Château-Gontier. El. Ba.	f	26		
Château-Maillant.	f	29		

Château-neuf.	f	26
Château-neuf	f	12 b
Château-neuf.	f	29
Château-Porcien. P.	f	19 a
Château Renard.	f	30 c
Château-Renaud. P.	f	19 a
Château-Roux. D. El.	f	29
Château-Thierri. D. Pr. Ba. El	f	19 a
Château-Villain. B. D.	f	19 a
Chatelleraud. D. El.	f	14 a
Châtillon sur Seine. Ba. Pr.	f	3 a S
Châtillon	f	3 b
Châtillon sur Marne. El	f	19 a
Châtillon sur Indre.	f	25
Châtillon sur Loire.	f	29
Châtillon sur Loing.	f	30 c
Châtillon.	f	30 a
Châtres	f	28
Chavez. F.	p	2
Chaumont. C. El. Ba.	f	28
Chaumont. Pr. Ba. El.	f	19 a
Chaunes. B. D.	f	17 a b
CHECKIANG.	af	7 b
Chegge. C.	h	1 a
Chelm. Ev.	p	1 g
Chemarden.	b	1 f
Chemnits.	a	3 b
Cherbourg. Po.	f	16 b
Cherwinsko.	p	1 d
Cher. Riv.	f	25

Chester. C. Ev. Po.	b	1	h
Cheverni. B C. Ba.	f	30	a
Chevreuse. D.	f	28	
CHIAMPA. R.	aſ	6	e
Chiari.	j	9	i
Chiavenne. C.	ſſ	15	a
Chichester. Ev.	b	1	d
Chiempſee. Ev.	a	2	f
Chieti C. Ar.	j	10	b a
CHILI.	am	9	
Chimai. P.	fl	3	
CHINE.	aſ	7	
Chini. C.	fl	5	a
Chinon El.	f	24	
Chio. I.	t	15	
Chioggia. I. Ev. F. Po.	j	9	a
Chirvan.	aſ	3	
Chivas. F.	j	1	b r
Chiuſi. Ev.	j	6	c
Choczim. F.	t	4	
Chonad. C Ev. F.	h	1	a
CHOROSAN.	aſ	3	
Chriſtianopel. F. Po.	S	2	c b
Chriſtienſtad. Po. F.	S	2	c b
S Chriſtophe. I.	am	14	c b
CHYPRE. I. R.	aſ	1	g
Cilley. C F.	a	1	h
Cinea. Riv.	e	8	
Cinq-Egliſes. Ev.	h	1	b
Cioutat. Po.	f	6	a
CIRCASSIE.	aſ	1	

Citadelli.

Clettemberg. C.	a	4	c
CLEVES. D. F.	a	5	g
Clissa. Fo.	t	7	a
Clocher. Ev.	b	3	d
Clommel. Ev.	b	3	b
Cloney. Ev.	b	3	a
Clonfurt. Ev.	b	3	c
Clopenbourg.	a	5	a
Cluan. Ev.	b	3	d
Cluni. A.	f	3	a
Cluse.	j	1	a d
Coblents. F.	a	6	b
Cobourg P.	a	3	c
Cockheim.	a	6	b
Cockenhaus. Fo.	ſ	6	b
COCHIM. R. Ev. F. Po.	aſ	5	b
COCHINCHINE. R.	aſ	6	
Coesfeld. F.	a	5	a
Coevarden. F.	h	6	
Cognac. El.	f	12	b
Cogni.	aſ	1	a b
COIRE, ou CHUR. } Ev. P.	ſſ	15	a
Colatis.	aſ	1	e a
Colberg. F Po.	a	3	f b
Colchester. Ev.	b	1	b
Colding.	a	4	e
Colle. Ev.	j	6	a
Collioure. Fo. Po.	f	8	
Colmar Pa. F.	f	1	a

I ij

CONNACIE.	b	3		
Conserans. C.	f	11	b e	
Constance. Ev. P. F.	a	8		
Constantine. F.	af	2	c	
Constantinople. Ar. Un. F. Po.	t	1		
Constantinow.	p	11		
Conti. B P.	f	17	a a	
Conversano. C. Ev.	j	10	b c	
Conza. C. Ar.	j	10	a c	
Copenhague. Ar. Un. Pa. F. Po.	d	1	a	
Coperberg.	S	1	f	
Copranits. F.	h	2		
Corbaw.	t	7	a	
Corbeil.	f	28	S	
Corbie. C. F.	f	17	a a	
Corbigni.	f	20		
Cordouë. Ev. T.	e	3		
Cordouë. Ev.	am	11	a	
CORFOU. I Ar. F. Po.	j	9	m	
Coria. F.	e	1		
Corinthe. F.	t	14		
Cornembourg.	a	1	b	
Cornoüaille. C.	b	1		
COROMANDEL.	af	5		
Coron. Ev. F.	t	14		
Coronia. F. Po.	e	12		
Corregio. D. F.	j	5	a	
CORSE. I. R.	j	12		
Cortone. Ev.	j	6	a	

Sancta-Crux. Ev.	am	8	d
Cronenbourg. F. Po.	d	1	a
Cross. Ev.	b	3	b
Crossen. D. F.	a	10 c	b O
Le Crotoi. Po.	f	17	a e
Crotone. Ev. F.	j	10	d
Croye. F.	t	10	
Crumaw. D.	a	10	b
Cuba. I.	am	14	b a
Cuença. Ev T.	e	2	b
CUIAVIE.	p	1	a
Culembach. M.	a	9	c
Culenbourg. C. F.	h	3	b
Culm. Ev.	p	3	a *Wi*
Cumberland. C.	b	1	g
CURDISTAN.	af	1	
CURDUEL.	áf	1	
Cumes. Ev.	j	10	a a
Cusco. Ev.	am	8	a
Custrin. F.	a	3	e c O
Czarnova.	p	1	a
Czaslaw.	a	10	a
Czenschow F.	p	1	a
Czersko. F.	p	1	d *Wi*
Czirniczow. D. Ev.	m	1	
Czircassi. F.	p	1	i
Czirnitz.	a	1	f
Czongrod. C. F.	h	1	a

D.

D Abul. F. Po.	aſ	5	a
Dalebourg.	S	2	b c
DALECARLIE.	S	1	
Dalem. C. F.	fl	6	b
Dalie.	S	2	
DALMATIE. R.	t	8	
Dam.	h	7	
Daman. F. Po.	aſ	4	e
Damas. F.	aſ	1	b b
DAMBE'E. R.	af	6	
Damgarten.	a	3	f 6
Damiete. F. Po.	af	1	c
Damme. F.	fl	1	a
Damme.	a	3	f a O
Dammin.	a	3	f a
Damvilliers.	fl	5	b
DANCALA. R.	af	5	
Daneborg. C.	a	4	c
DANEMARCK. R.	eu		
N. DANEMARCK.	am	1	
Dantzic. An. F. Po.	p	3	a
Danube. Fl.	a		
Darbi. C.	b	1	h
Darmouth. Po. F.	b	1	e
Darmſtat. P. F.	a	7	c
S. David. Ev.	b	1	f
Debrezin F.	h	1	a
Deſſeln. C.	a	4	c
DAUPHINE'.	f	5	

I y

Douro. Fl.   e

Downe. C. Ev.   b 3 d

Douwres. F. Po.   b 1 c

Le Doux. Riv.   f 2

Drawe. Riv.   a 1

Dreſden. F. Cc.   a 3 b El

Dreux. C. El.   f 28

Drivaſto.   t 10

Drogheda. F. Po.   b 3 a

Dromore. Ev.   b 3 d

Drontheim Ar. Po. F.   d 3 a

Droſſen.   a 3 e b

Dublin. C. Ar. Un. P. F.   b 3

Duderſtadt.   a 4 c

Dueren.   a 5 e

Duiſbourg. Un. F.   a 5 g Rh

Dulcigno. Po. F.   t 8 a

Dumblain. Ev.   b 2 b

Dumbora. Po F.   b 2 b

Dumbritton. Fo.   b 2 b

Dumfrée. F. Po.   b 2 b

Duna. Riv.   p 1

Dundalk. Po.   b 3 d

Dundée. Po.   b 2 a

Dinemond. Fo.   f 6

Dingatwan. Po.   b 3 b

Dinghal. C. Po.   b 3 d

Dungiſbi. B. Po.   b 2 a

Dunglas.   b 2 b

Dunkelden. Ev.   b 2 b

Dunkeran. Po.   b 3 b

<table>
<tr><td>Dunkerque. Po. F.</td><td>f 18 a</td></tr>
<tr><td>Dunois. D.</td><td>f 30</td></tr>
<tr><td>Duntafag Po.</td><td>b 2 a</td></tr>
<tr><td>Dunting. Fo.</td><td>a 9 c</td></tr>
<tr><td>Durance. Riv.</td><td>f 6</td></tr>
<tr><td>Durango. Ev.</td><td>am 5</td></tr>
<tr><td>Duras. B. D.</td><td>f 11 ae</td></tr>
<tr><td>Durazzo. Po. F.</td><td>t 10</td></tr>
<tr><td>Durham C. Ev.</td><td>b 1 9</td></tr>
<tr><td>Dusseldorp. Cc.</td><td>a 5 f Rh</td></tr>
<tr><td>Dutling.</td><td>a 8 g Da</td></tr>
<tr><td>Dwina.</td><td>m 2</td></tr>
</table>

E.

<table>
<tr><td>E Berstein. C.</td><td>a 8 d</td></tr>
<tr><td>Eboli. D.</td><td>j 10 ab</td></tr>
<tr><td>Ebro. Fl.</td><td>e</td></tr>
<tr><td>Ecija. Ev.</td><td>e 3</td></tr>
<tr><td>Ecluse Po. F.</td><td>fl 1 b</td></tr>
<tr><td>ECOSSE. R.</td><td>b 2</td></tr>
<tr><td>Edam.</td><td>h 1 b</td></tr>
<tr><td>Edembourg. Ev. Un. Pa. Fo. Po.</td><td>b 2 b</td></tr>
<tr><td>Eger. F.</td><td>a 10 a</td></tr>
<tr><td>EGYPTE. R.</td><td>af 1</td></tr>
<tr><td>Egmont. B. C.</td><td>h 1 b</td></tr>
<tr><td>Ekclenford. Po. F.</td><td>d 2 b b</td></tr>
<tr><td>Elbe. I.</td><td>j 6</td></tr>
<tr><td>Elbe. Fl.</td><td>a 3</td></tr>
<tr><td>Elbing. An. Un. F.</td><td>p 3 a</td></tr>
<tr><td>Elbœuf. B. D.</td><td>f 16 a</td></tr>
</table>

Elbourg. Po.	h	3	a	
Elche. Ev.	e	6		
El-Doratdo.	am	13		
Elgin. Ev.	b	2	a	
Eli. Ev.	b	1	a	
Ellebogen. F.	a	10	a	
Ellerena.	e	2	d	
Elmbeck.	a	4	c	
Elfeneur. F. Po.	d	1	a c	
Esinborg. F.	S	2	c d	
El tor. Po.	aſ	1	f	
Empoli Ev.	j	6	a	
Elwangen. A. P.	a	8		
Elvas Ev F.	p	5		
Embden. F. Po.	af	5	i	
Embrun. Ar. Pr. Ba.	f	5		
Emmeric. F.	aſ	5	g Rb	
Enchuifen. P. F.	h	1	b	
Engelholm.	ſ	2	c a	
Enguien, autrefois } D. Momorenci. }	f	28		
Enkoping.	f	1	a	
Ens.	af	1	a	
Enfisheim.	f	1	a	
Eperies C. F.	h	1	a	
Epernai. El.	f	19	a	
Epernon. D.	f	30	b	
Ethee.	af	1	a a	
Epinal	f	32	a	
Epinoi. B. P.	f	18	a	

EPIRE.	t	11	
Erfurt. Un.	a	3	c
Erivan. F.	aſ	3	g
Erpach. C.	a	9	
Erquico. Po.	aſ	1	d
Errif.	aſ	1	
Erzerum. F.	aſ	1	da
Eſcaut. Fl.	fl	1	
ESCLAVONIE. R.	h	2	
Eſling. Im.	a	8	c
ESPAGNE R.	eu		
Nouvelle ESPAGNE.	am	5	
Eſſeck. F.	h	2	
Eſſex. C.	b	1	b
Eſſen. A. P. Im.	a	5	l
Eſtella.	e	9	
Eſtampes. D. El. Ba.	f	30	
ESTHONIE.	ſ	6	
Eſtouteville. D.	f	16	
Extremox. F.	p	5	
ETHIOPIE. R.	aſ		
Eting. F.	a	2	f
S. Etienne. El.	f	4	c
Etlangen.	a	9	d
Etna, ou Mont Gibet. Mo.	f	11	
Eu. C Ba El.	f	16	a
Sainte Eufemie.	j	10	db
Evian.	j	1	ae
Evora. Ar. Un T.	p	5	
Euphrate. Fl.	aſ		

Eure. Riv.	f	27 & 29	
Evreux C. Ev. Ba. El. Pr.	f	16	a
S. Euſtache. I.	am	14	c c
Exceſter. Ev.	b	1	e
Exilles. B. F.	f	5	
ESTRAMADOURE.	e	&	p
Eyerland. I	h	1	
Eyndoven. F.	fl	2	b
Eyſenac. D. Un.	a	3	c

F.

FAbriano. Un.	5		h
Facſo.	al	6	b
Faenza Ev. Un.	j	8	k
Fagaras. Ev.	h	3	
Falaiſe. El.	f	16	a
Falcoping.	f	2	a b
Falkenborg.	f	2	c c
Falkenſtein.	a	1	a
Falkenſtein. B. C.	a	6	d
Falſmouth. Po.	b	1	e
Falſter. I	d	1	
Famagouſte. Po. F.	af	1	g a
Fanchere.	af	12	c
Fanno. Ev. Po. F.	j	8	i
Farneſe. B.	j	8	d
Faros. Ev. F. Po.	p	6	
Fartach. F.	af	1	f c
Farſa.	t	12	
FARSISTAN.	a	3	b
FAUCIGNI.	j	1	a

Fauquemont, ou Falkenborg. } C.	fl 6 a		
Sancta Fé. Ev.	am 6		
S. Fé d'Antequera. Ev.	am 7	e	
S. Fé de Bogota. Ar.	am 7	g	
Fehrberlin.	a 3	e c	
Feldkirck. C.	a 1	k	
Feltri Ev.	j 9	e	
Femeren. I.	a 4	b	
Feneſtrange Ba.	f 32	a	
Feneſtrelle. B. Fo.	f 5		
Ferden. D. F.	a 5	h	
La Fere. F.	f 17	a d	
Ferentino. Ev.	j 8	a	
Ferenzuela. Ev.	j 10	c a	
Ferhabat.	af 3	e	
Fermo. Ar.	j 8	h	
Fernes. Ev.	b 3	a	
Fero I.	d 1		
Ferrandina. D. Ev.	j 10	d c	
Ferrare. D. Ev. Un. F.	j 8	l P	
Ferrette. C.	f 1	c	
Ferrol. Po.	e 3		
La Ferté.	f 17	a g	
— Bernard.	f 17	a	
— Sous Jouare.	f 19	b	
— Sur Aube.	f 19	a	
FEZ. R. F.	af 2	d	
Feſcamp.	f 16	a	
Fiano. B. D.	j 8	c	

Fianone. F. Po.	j	9	c
Fiezzolo. Ev.	j	6	a
Figalo.	t	11	
Filleck. F.	h	1	a
Final. M. F.	j	7	b
FINLANDE. D.	f	5	
S. Fiorenzo. Po.	j	12	b
FLANDRE. C.	eu.		
La Fleche. El. Pr.	f	26	
Flensbourg. F. Po.	d	2	ba
Flessingue. Po. F.	h	2	a
Flieland. I. Po.	h	1	a
Flint. C.	b	1	f
Florence. D. Ar. Un. T.	j	6	a
S. Florentin. El.	f	19	a
FLORIDE.	am		
S. Flour. Ev. El.	f	22	a
FOIX. C. Ba.	f	9	
FOKIEN.	af	7	b
Foligni. Ev.	j	8	g
Fonchal. Ev. F. Po.	af	12	d
Fondi. D. Ev.	j	10	aa
Fontenai-le-Comte.	f	14	b
Fontarabie. Ev. F. Po.	e	10	b
Forcalquier. C. Ba.	f	6	a
Forcheim Fo.	a	9	a
La Force. Ch. D.	f	11	ac
Forez. C.	f	4	
Forli. Ev.	j	8	k
Formosa. I.	af	9	
Fornoüe.	j	4	b

Fortaventure. I.	af	12	b	
Fort Loüis. Fo.	f	6	b	
Fort-Loüis. Fo.	am	2		
Fossano. Ev.	j	1	b	
Fossombrone. Ev.	j	8	1	
Fougeres.	f	15	a	
Francfort Un. F.	a	3	e	c O
Francfort. Im. F.	a	7		
FRANCHE-COMTE'.	f	2		
Franchimont. M.	fl	2	c	
FRANCE R.	eu			
Nouvelle FRANCE.	am.	1		
S. Francisco-del-Quito. Ev.	am	8	b	
FRANCONIE. D.	a	9		
Franeker. Un.	b	5		
Franlez.	a	1	f	
Frankendal.	a	6	d	
Frascati. Ev.	j	8	a	
Fraserbourg. B. Po.	b	2	a	
Frawenberg. F. Po.	p	a	3	
Frawenfeld.	ff	14	a	
Frawenthal.	ff	7		
Frenderischold. F.	d	2	a	a
Frederichstad. F.	d	2	b	a
Freishem.	a	6	d	
Frejus. Ev.	f	6	a	
Freiberg. F.	a	2	f	
Freiberg. F.	a	3	b	
Freising. Ev. P.	a	2	d	
Freyenstat. Fo.	a	9	c	
Fridberg. Im.	a	7	d	

Fribourg Un.	ff	10	
Fribourg F. Un.	a	8	f
Fricento. Ev.	j	10	a c
Friderichbourg.	d	1	a
Friderichstad. Po. F.	d	3	a
FRIOUL. D. Ev.	j	9	
Frisac.	a	3	e c
FRISE.	h	5	
Fritzlar. Im.	a	7	d
Fronsac. D	f	11	a a
Fronsinone. Ev.	j	8	a
Frontignan.	f	7	b
Fugger. C.	a	8	
Fulde. Riv.	a	7	c
Fulde. A. P.	a	7	b
Furnes F.	fl	1	a
Furstemberg. C.	a	8	h
Fyonie. ou Funen. } I.	d	1	

G.

GAGO. R.	af	6	
Gaïette. Ar. F. P.	j	10	a a
S. Gal. A. P.	ff	15	
GALLES P.	b	1	
GALLICE. R.	e	12	
Gallipoli. F.	t	1	
Gallipoli. E. F.	j	10	c c
Gallouai. C.	b	2	a
Gallouai. C. Ar.	b	3	c

Gonzague. M.	j	3	
Gorcum. F.	h	1	a
Goritz. C. E.	a	1	e
Gorlits. F.	a	10	d a
Goslar. Im.	a	4	c
Gotembourg. F. Po.	f	2	b a
Gotha. D.	a	3	e
GOTHIE.	f	2	
Gotland. I.	f		
Gottingue. Im An.	a	4	c
Gottrop. Fo.	d	2	b a
Goude.	h	1	a
La Goulete. Po. Fo.	af	2	c
S. Gover.	a	6	b
Gournai. B. C. El.	f	16	a
Gradise. F.	h	2	
Gran, ou Strigonie. } Ar. Un. F.	h	1	b D a
Granson.	ff	10	
Granville. Po.	f	16	b]
Grasse. Ev. Ba.	f	6	a
Gratz. F. Un.	a	1	h ;
Graudents. F.	p	3	a
Grave. F.	fl	2	b
Graveline. F.	f	18	a
Graveneek. C. Fo.	a	8	b
Gravesend.	b	1	c
Gravina. D. Ev.	j	10	c b
Gray. Ba.	f	2	
GRENADE. R. Ar. Un. T.	c	4	

Guerande.	f	15	a
Gueret. Pr. El.	f	24	
S. Guilain. Fo.	f	18	b
GIUNE'E.	af	5	
Nouvelle GUINE'E.	t	p	
GUIPUISCOA.	e	10	b
Guife. D. El.	f	17	a d
Guifnes. B. C Ch.	f	17	b
Gurck. Ev.	a	1	d
GURGISTAN.	af	1	
Guftrow. D. F.	a	4	b
GUSURATE.	af	4	
Gutzkow C. F.	a	3	f
GUYENE. D.	f	11	

H.

HAag. C.	a	2	f
Hadamar. P.	a	7	d
Haderfleben. F.	d	1	b a
Haguenaw. F.	f	1	b
Hailbron Im.	a	8	c
HAINAUT. C.	fl	3	
Halberftat. P. F.	a	4	
Halicarnaffe.	af	1	a a
Hall.	a	1	e
Hall. Un.	a	3	c
Hall. Im.	a	8	
HALLAND.	f	1	
Hallifax.	b	1	9
Halluin. D.	f	17	a
Halmftad.	f	2	c c

Ham. F.	f	17	a		
Hain.	a	5	l		
Hambourg. An. Im. F.	a	4	a	d	El
Hamelen. Ar.	a	4	d		
Hamilton. B. D.	b	2	a		
Hanaw. C F	a	7	d		
HANNOVER. D. F.	a	4	e		
Hapsbourg C.	ss	3			
Harbourg. F.	a	4	c		
Harcour. B. C.	f	16	b		
Harderwick. Un. Po. F.	h	3	a		
Harlem.	h	1	a		
Harlingen. Po.	h	5			
Harnosand.	f	1	i		
Harwick.	b	1	b		
Hasselt.	fl	2	c		
Hasting. Po. F.	b	1	d		
Hatzfeld. C.	a	7	c		
Hatzford. C.	b	1	b		
La Havana. Po. F.	am	4	b	a	
Havre-de-Grace. F. Po.	f	16	a		
Hawelberg.	a	3	e	a	
La Haye.	h	1	a		
Hecla. Mo.	d	1	f		
Hegiaz	af	1	f		
Heidelberg. Un. Cc.	a	6	d		
Heilengenberg. C.	a	8	h		
Heilsberg. F.	p	3	b		
Heinsberg.	a	5	e		
Helicon Mo.	t	13			
Hellenstein. F.	a	8	c		

Helmestad.

Helmstad. Un.	a	4	c
Helsing.	f	1.	
Helsingborg. Po.	f	2	c a
Hensingfort. Po.	f	5	b
Henneberg. P.	a	9	
Henrichemont, ou Bois-Belle. } B P.	f	29	
HERAC.	af	3	
Herefort. C Ev.	b	1	h
Hertfort. Im.	a	5	g
Hermanstat. Ev. F.	h	3	
Hermenstein. Ch. Fo.	a	6	b
Hernosand. Po. F.	f	1	i
Herstal.	a	5	b
Hesdin. F.	f	17	b
HESSE.	a	7	
Hewez. C.	h	1	a
Hieres.	f	6	a
Hildesheim. Ev. P. F.	a	4	d
Hispaniola. I.	am	14	b b
Hilpershausen.	a	9	f
Hirchfeld. P. Cc.	a	7	c a
Hochberg. M.	a	8	d
Hochstat F.	a	9	a
Hohenberg. C. Fo.	a	8	
Hohen-ems. C.	a	8	
Hohen-loe. C.	a	9	
Hohen-rechberg. C.	a	8	c
Hohenstein. C.	a	3	d
Hohentwiel. F.	a	8	c

K

I.

K.

Kaufbeuren. Im.	a	8	
Kecio.	aſ	6	a
Kell. Fo.	a	8	h
Kempen.	a	6	c
Kempten. A. P. Im.	a	8	
Kendal	b	1	g
KENT. C.	b	1	
Kermon.	aſ	3	cl
Kexholm. F.	ſ	5	a
KIANGSI.	aſ	7	b
Kibourg. C.	a	8 b	Dæ
Kiel Un F. Po.	a	4	a a
KILAN.	aſ	3	
Kildore. C. Ev.	b	3	a
Kilfenor. Ev.	b	3	b
Kilkenni. C Ev.	b	3	a
Kilmacule. Ev.	b	3	c
Kilmaloc.	b	3	b
Kilmore. Ev.	b	3	d
Kinſal. Ev. Po.	b	3	b
Kiovie Ev. F.	p	1	k
Kirchberg. C.	a	8	
Kircheim. F.	a	8	c
KIRMAN.	aſ	3	
Koenigſeck B. C.	a	8	
Koenigſtein. C.	a	6	a
Koeting. Fo.	a	9	b
Kola. Po.	m	1	
Kolding. F.	d	2	a a
Komore C. F.	h	1 b	Dæ
Konigſberg. Un Ar. F.	p	3.	b

Landaff. Ev.	b	1	f
Landaw. F.	f	1	b
Landaw.	a f	2	f
Landrecies. F.	a f	18	b
Landsberg F.	a a	2	f
Landsberg. F.	a a f	3	e b
Landscron. F. Po.	a f	2	c a
Landshut. F.	a	2	f
Landsperg.	p	3	b
Langeland. I.	d	1	
Langestein.	a	4	f
Langres. Ev. D. Pr. El.	f	19	a
Languedoc.	f	7	
LAO. R.	a f	6	
Laon. Ev. D. El Pr.	f	18	
LAPPONIE.	d	4	f
Laredo Po.	e	10	a
Larino. Ev.	j	10	c a
Larissa Ar.	t	12	
Larons. I.	a f	9	
Larta. F.	t	11	
Lassan. Po.	a	3	f b
Lavagna. C.	j	7	b
Laval. C. El.	f	27	a
Lavaur. Ev.	f	7	a
Laubach. Ev.	a	1	e
Lavello. Ev.	j	10	c b
Lavenminden, ou Lavand. } Ev.	a	1	d
Laussembourg. F.	a	8	g

S. Laurent. Fl.	am	1		
Lausane. Un.	ſſ	2	b	
Lauterberg. C.	a	4	c	
Lauterbourg. Fo.	a	7	a	
Lautrec.	f	7	a	
Lautreck. C.	a	6	d	
Lawembourg. D. F.	a	4	h	El
Lebe. Po.	af	3	f a	
Lec. Riv.	b	3		
Leck Fl.	a			
Leccie. Ev.	j	10	c c	
Leerdam. F.	b	1	a	
Léerpole. Po.	b	1	g	
Legnano. Fo.	j	9	h	
Leiceſter. C.	b	1	h	
Leitoure. Ev. P.	f	11	bc	
Leiningen. C.	a	7	d	
Leipſick. F. Un.	a	3	b	
Leitomerits. Ev.	a	10	a	El
Lemberg. Ar. F.	p	1	g	
Lenciri. F.	p	1	b	
Lenox. C.	b	2	b	
Lens. F.	f	17	b	
Leon. Ev.	f	15	b	
LEON. R. Ev.	e	13		
Leontini. F.	j	11	c	
Leopold, ou Lemberg. } Ar. F.	p	1	g	
Leopoldſtat. Fo.	h	1	a	
Lepanthe. F.	t	13		

Leria. Ev.	p	4	
Lerida. Ev· Un. T. F.	e	7	
Lerin.	e	9	
Lerma. D.	e	1	
Leros. I.	aſ	1	g
Lescar. Ev.	f	10	a
Lesdiguieres. B. D.	f	5	
Lesi. Ev.	j	8	h
Lesnow.	p	1	i
LETHONIE.	ſ	6	
Letrin. C.	b	3	c
Lettere. Ev.	j	10	a b
Leucate Fo.	f	7	b
Leuchtemberg. C. Ch.	a	2	g
Leverano P.	j	10	c c
Leverpold. Po.	b	1	g
Leutomiſſel Ev.	a	10	a
Leuwarden. Fo.	h	5	
Leuwents.	h	1	a
Leuwben.	a	1	g
Leuwes.	b	1	b
Leyde. Un.	h	1	a
Liban. Mo.	aſ	1	a
Libaw.	p	2	d
Libourne. Pr.	f	11	a
S. Licer. Ev.	f	11	b d
Lichſield. Ev.	b	1	h
Lichtenberg.	af	1	e
Lichtemberg. Ch.	f	1	b
Lichtenſels. F.	a	9	a
Lidkoping. Ev.	f	2	b a

Liege. Ev. P.	fl	2	c
Liere. F	fl	2	a
LIGHOR. R. Po.	aſ	6	e
Ligne. B. P.	fl	3	
Ligni. **D**.	f	32	b
Lignits. D.	a	10	cb
LIGURIE.	j	7	
Lille. F. Cc. Co.	f	18	a
Lillo Fo.	fl	2	b *Eſ*
Lillebonne. B P.	f	16	a
Lilleport.	b	1	a
Lillers.	f	17	**b**
Lima. Ar. Un. T. Pa F.	am	8	
Limbourg D. F.	fl	9	a
Limeric. C. Ev F. Po.	b	3	b
Limoges. Ev. G. El.Co.Pr.	f	23	
Limoſin.	f	23	
Limoux. Pr.	f	7	b
Limpourg. C.	a	9	
Linange. C.	a	6	d
Lincoln. C. Ev.	b	1	h
Lindaw. A. P. Im. F.	a	8	
Linghen. C. F.	*h*	3	a
Linne. Po.	b	1	a
Linneſberg.	ſ	1	c
Lints. F.	a	1	a *Da*
Lion Ar. G. El. P. Co.	f	4	a *R*
Lipari. I. Ev.	j	11	**b**
Lippa. Fo.	h	3	
La Lippe. R.	a	5	
La Lippe. C.	a	5	

Lipſtat. F.	a	5	l
Liſbone. Ar. T. Pa. F. Po.	p	4	
Liſieux. Ev. El.	ſſ	16	a
L'Iſle-Adam.	f	28	
L'Iſle-Bouchart.	f	25	
Liſmore. Ev.	b	3	b
Lith. Po.	b	2	b
LITHUANIE.	p	2	
LIVONIE.	ſ	6	
Livourne. Ar. Po. F.	j	6	b
S. Lo. Co. El.	j	16	b
Lochem. F.	h	3	d
Loches.	f	25	
Loewenſtein. C. Ch.	a	8	
Loeuwenſtein. Ch. Fo.	h	1	a
Lodeve. Ev.	f	7	b
Lodi. Ev.	j	2	a
Logrono. T.	e	1	
Loire Fl.	f		
Loiſbi.	ſ	4	
Lombez. Ev.	f	11	b d
Londonderi. Ev. F. Po.	b	3	d
Londres. Ev. F Pa.	b	1	b
Longfort. C.	b	3	a
Longueville. B. D.	f	15	a
Longwic. F.	f	32	b
Loo. Fo.	fl	1	a
Looz. C.	fl	2	c
Logoduri (cap de)			
LORAINE. D.	f	32	
Loredo. I.	j	9	a

Lusuck. Ev.	*p*	1	i
Lutteren.	a	4	f
Luttersberg. B. C.	a	4	e
Lutzelstein. P. F.	f	32	a
Lutzen.	a	3	b
LUXEMBOUG. D. F.	fl	5	a
Luzara.	j	3	
Lyons. Ba. El.	f	16	a
Lypeze. C.	h	1	a
Lys. Riv.	fl	1	

M.

MAcao. Po.	af	7	b
MACASSAR. R. Po.	af	9	a
Macchia. B. P.	j	10	c a
MACEDOINE. R.	t	9	
Macerata. Ev.	j	8	h
MACOCO. R.	af	6	
Macon. C. Ev. Pr. B.	f	3	a
MADAGASCAR. I.	af	12	
Madere. I.	af	12	
Maderaspatan. F. Po.	af	5	
Mado. Ev.	j	8	h
Madrid. Pa. T. Cc.	e	2	a
MADURE'. R.	af	5	c
MAGADOXO. R. F. Po.	af	11	b
MAGDEBOURG. D. An. F	a	4	g El
MAGELLANIQUE.	am	10	
Magliano. Ev.	j	8	b
Magni. El.	f	28	
Mahon. Po. F.	e	14	b

Mansfeld. C.	a	3	g
Mante. Ba. El. Pr	f	28	
MANTOUE. D.Ev.Un F..	j	3	
Maramarusc. C F.	h	1	a
Marano. F.	j	9	b
Marazo F.	af	1	a d
Marbella.	e	3	
S. Marc. Ev.	j	10	d b
S. Marc. Ev.	j	11	b
Marcillac B. P.	f	11	a f
La Marck. C.	a	5	l
LA MARCHE. C	f	24	
Mardic. Po.	f	18	a
S. Maria-del-Dragone P.	j	10	a a
S. Maria-di Leuxa. Ev.	j	10	c c
Mariana Ev.	j	12	b
MARIANES. I.	af	9	
S. Marie. Po.	e	3	
Mariembourg.	f	18	b
Mariembourg. F.	p	3	a Wi
Mergensheim. ou Mariendal, } F.	a	9	
S. Marin. C.	j	3	
S. Marin. F.	j	8	i
S Marin. P.	j	8	c
Marino. D.	j	8	a
Markofeck. C. F.	h	3	
Marckpourg. F.	a	1	b
Marianes I.	af	9	
Marmande.	f	11	a e

Mazara. Ev. F. Po.	j	11	a		
Mazarino. C.	j	11	c		
MAZOVIE. D.	p	1			
Meaco. F. Po.	aſ	8			
Meaux C. Ev. El. Pr.	f	19	b		
La Meque.	aſ	1	f	c	
Mendenblic. Po.	h	1	b		
Medina-Celi. D.	f	6	d		
Medina Sidonia. D.	e	3			
Medine. F.	aſ	1	f	c	
Meghen. C.	fl	2	b	M	
Mein. Riv.	a	9			
Meiningen.	a	9	f		
Meiſlaw. F	p	2	a		
Meiſſen.	a	3	b	El	
Meleguette.	aſ	7			
Melazzo. Po. F.	j	11	b		
Melen. L.	ſ				
Melfi. P. Ev.	j	10	c	a	
Meliapour, ou S. Thomas. Ar. F. Po.	aſ	5	d		
MELINDE. R. F. Po.	aſ	11	a		
MELLI. R.	af	6			
Melun. El. Ba. Pr.	f	28	ſ		
Memel F. Po.	p	3	b		
Memmingen. Im.	a	8			
Mende. Ev. Ba.	f	7	c		
Menin. F.	fl	1	a		
Menton.	j	7	a		
MEPELAND.	ſ	1			

Meppen. F.	a 5 a
MERCIE.	b 1
Mercœur. D.	f 22
Merida. Ev.	am 5
Merida. Ev.	am 7 h
Merida.	e 2 d Gn
Mernis. C.	b 2 a
Meisbourg Ev.	a 3 c
Mersbourg.	a 8
Messine. Ar. Un. F. Po.	j 11 b
Metelin. I.	af 1 g
Metling.	a 1 f
Mets Ev. Pa. F.	f 32
Meurs. P. F.	a 5 g
Meuse. Fl.	fl 2
Mexad.	af 3 h
Mexico. Ar. Un. T. Pa.	am 5
MEXIQUE.	am 5
Meyenfeld.	ff 15 a c
Meyenberg.	ff 14 d
Mezagran. Po.	af 2 d
Mezieres. F.	f 19 a M
Middelbourg. Fo.	fl 1 b
Middelbourg. Cc. F. Po.	h 2 a
Middelfex. C.	b 1
Midnick. Ev.	p 2 c
S. Michel. Ba.	f 32 b M
MILAN D. Ar. Un. F.	j 2 a
Mileto. P. Ev.	j 10 d b
Milford. F. Po.	t 1 f
Milhaud. Ba. Pr.	f 11 af

MOMONIE.	b	3	
Monaco. P. F. Po.	j	7	a
Monbard.	f	3	a
MONBAZE. R. F. Po.	af	11	a
Monçon. F.	e	8	
Mondidier. El F.	f	17	a b
Mondovi. Ev.	j	1	b
Mondonedo Ev.	e	12	
Mondragone. B.	j	10	
Monervivo. P. Ev.	j	10	c b
Mongats. F.	h	1	a
Mongomeri. C.	b	1	f
Mongomeri. B. C.	f	16	a
Monluçon. El.	f	21	
Monmouth. C.	b	1	f
MONOEMUGI. R.	af	10	
MONOMOTAPA.	af	10	
Monopoli. D. Ev.	j	10	c b
Monroffe.	b	1	a
Mons. F. Cc.	fl	3	
Montalcino. Ev.	j	6	c
Montalte. Ev.	j	8	h
Montalte. D. Ev.	j	10	d a
Montargis. Ba. Pr. El.	f	30	c
Montauban. Ev. G. El. Pr.	f	7	a
Montbazon. D.	f	25	
Montbelliard. P. F..	f	2	
Montblanco.	e	7	
Montcaffel. F.	f	17	b
Mont-Dauphin. Fo.	f	5	
Mont-de-Marfan.	f	11	b f

Montechino. M F.	j	5	b
Monte-Feltro. Ev.	j	8	i
Monte-Fiascone. Ev.	j	8	c
Monte Forte. Fo.	p	5	
Monte-Ignoso. Fo.	j	7	d
Monte-Leone. D. Ev.	j	10	d b
Montelimar. Ba. El.	f	5	
Monte-Marano Ev.	j	10	d b
Monte Peloso. Ev.	j	10	d c
Monte-Pulciano. Ev.	j	6	a
Montereau.	f	19	b
Monterei. Po.	am	7	b
Montesa.	e	6	
Monte S. Angelo. Ar.	j	10	c a
Monte-Scaglioso P.	j	10	d c
Montesquiou.	f	7	a
Montevedro. Ev.	j	10	a c
MONFERRAT. D.	j	1	c
Montfort. C.	a	1	k
Montfort.	h	4	
Montfort-l'Amauri. El.	f	28	
Montignac.	f	11	a c
Montivilliers. Ba. El.	f	16	a
Montlheri. C.	f	28	
Montmedi. F.	fl	5	b
Montmelian. F.	j	1	a a
Montpellier Ev. Un. Co. G. Cc. Pr.	f	7	b
Montpensier. B. D.	f	22	b
Montreal. Ar. F.	j	11	a
Montreal. Ev.	j	12	a

Mulhaufen. Im.	a	3	c
Mulheim.	a	5	g Rh
Mulingen.	a	4	g
MULTAN. R. F.	af	4	
Mulzow· C. F.	h	1	b
Munich. Cc. F.	a	2	f
Munikedam.	h	1	b
Munfter. Ev. P. F.	a	5	a
—Au Val S. George.	f	1	a
—Eiffel.	a	5	e
— In Meyenfeld.	a	6	b
Munfterberg. D.	a	10	c a
Murat.	f	22	a
MURCIE. R. Ev T. F.	e	5	
Muret. Ba.	f	11	b c
Murrai. C.	b	2	
Murten.	ff	10	
Mufocco. P.	j	2	a
Muyden.	h	1	a
Mzciflaw.	p	2	a

N.

N Aerden. F.	h	1	a
NAGED.	af	1	f
Najara.	e	1	
Namur. C. Ev. F.	fl	4	
Nanci. Pa. Cc. Co. Ba.	f	32	a
Nangafachi. Po.	af	8	b
Nanquin.	af	7	b
Nantes. C. Ev. Un. G. Cc. Co. Pr. F.	f	15	a L

NAPLES.

L

Newcastle. F Po.	b	1	g	
Newchatel. P. F.	ff	15	e	
Newchatel.	f	28		
Newhausen.	a	6	d	
Newkirck.	a	5	h	
Newmarc.	a	1	e	
Newmarc.	a	2	g	
Newmunster.	a	4	a	a
Newport. Po. F.	b	1	f	
Newsol. C.	h	1	a	
Newstat. Ev.	a	1	a	
Newstat.	a	2	f	
Newstat.	a	4	a	c
Newstat.	a	4	b	
Newstat	a	4	c	
Newstat.	a	5	l	
Newstat.	a	7	e	
Neustat.	a	8	c	
Neustat.	a	10	b	
Newstat	a	10	c	a
Newstat. Co.	h	3		
Newstettin.	a	3	f	b
Neytra. C. Ev.	h	1	a	
Nicastro. C. Ev.	j	10	d	b
Nice. C. Ev. Pa. F. Po.	j	1	b	
Nice de la paille.	j	1	c	
Niecé.	af	1	a	a
Niclasbourg.	a	10	b	
S. Nicolas. Po.	m	2		
Nicomedie.	af	1	a	a
Nicopolis.	g	5	D	a

Nicosie. F.	af	1	g	a
Nicotera. C. Ev.	j	10	d	b
Nidda. C.	a	7	c	
Niemen. Fl.	p	1		
Nieper, ou Boristhene. } Fl.	p	1		
Niester. Fl.	p	2		
Niewhaus.	a	4	a	a
Niewport. F. Po.	fl	1	a	
Niger. Fl.	af	6		
NIGRETIE. R.	af	6		
Nikioping. Po.	f	1	b	
Nikoping.	d	2	a	c
Nikoping. Po.	d	1	d	
Nil. Fl.	af	1		
Nimegue. F.	h	3	b	Rh
Niort. El. Ba.	f	14	b	
Nisiwogorod. D. F.	m	1		
Nismes. Ev. Pr.	f	7	b	
Nivelle.	fl	2	a	
NIVERNOIS.	f	20		
Noailles. D	f	23		
Nocera. C. Ev.	j	8	g	
Nocera. D.	j	10	a	b
Noja. D.	j	10	d	c
Noja. P.	j	10	c	b
Noirmoustier. I.	f	14		
Nola. Ev.	j	10	a	
Noli Ev.	j	7	b	
Nomeni. B. M.	f	32	a	

Nona. Ev. F. Po.	t	8	b
Nonancourt.	f	16	a
Norcia. Ev.	j	8	g
Norden Po.	a	5	i
Nordlingen. Im.	a	8	
Norfolck. C.	b	1	a
Morkoping.	f	2	aa
Normandie D.	f	16	
Northampton. C.	b	1	h
Northaufen. Im.	a	3	c
Northumberland. C.	b	1	9
NORWEGE. R.	d	3	
Norwich. Ev.	b	1	a
Noto.	j	11	c
Nottembourg. F.	f	5	e
Nottingham. C.	b	1	h
Novare. Ev. F.	j	2	a
Novellara.	j	3	
Novi. F.	j	7	b
Novigrad. C. F.	h	1	a
Nowogorodweliki. D. Ar. F.	m	1	
—— Swerski.	m	1	
Nowogrodeck.	p	2	b
Noyers.	f	3	a
Noyon. Ev. C. El.	f	28	
NUBIE. R.	af	5	
Nuis Ba.	f	3	a
Nuits.	a	6	c Rh
NUMIDIE.	af	3	
Nuremberg. Im. F.	a	9	d
Nufco. Ev.	j	10	a c

Nyborg. F. Po.	d	1	b
NYLAND.	f	5	
Nyon.	ff	2	a
Nyphon. I.	af	8	a

O.

OBerwesel.		a	6	b
Obi. Fl.		m		
Oslo, ou Christiana.	Ev. Pa. F.Po.	d	3	d
Oedembourg, ou Sophron.	C. F.	h	1	b
Odail.		af	1	f a
Odenzée. Ev.		d	1	b
Oder. Fl.		a	3	
Oeland. I.		f	1	
Oeningen. A.		a	8	a
Oeting. C.		a	8	
Ofante Riv.		j	10	
Offembourg. Im.		a	8	f
Offembourg.		h	3	
Ofido. Ev.		j	8	h
Oise. Riv.		f	17	
Okfakow. F.		t	2	b
Olaw.		a	10	c b
Oldembourg. C.		a	5	
Oleran Ev.		f	10	a
Oleron. I.		f	13	
Olika. D.		p	1	i

Olimpe. Mo.   t 9
Olinde. Ev. F. Po.   am 12
Olite.   e 9
Ol va.   e 6
Olivença. F.   p 5
Oliveto. P.   j 10 a b
Olmuts. Ev.   a 10 b
Olone. B.   f 14 b
Olsse. P.   a 10 c b
Ombrie.   j 8
S. Omer. Ev. F.   f 17 b
Onate. Un.   e 1
Onega. L.   m
Oneglia P F. P.   j 1 b
Onspach. M.   a 9 e
Oppelen. D. F.   a 10 c a O
Oppenheim.   a 6 d *Rh*
Oppido. C. Ev.   j 10 d b
Oran. Po   af 2 c
Orange. P. Ev. Un.   f 6 a
Orbitello. F.   j 6 d
Orcades. I.   b 2
Ordingen.   a 6 c *Rh*
Oreb. Mo.   af 1 f
Orebo.   f 1 c
Orense. Ev.   e 12
Oreska.   f 5 e
Oria. Ar.   j 10 c c
Origuela. Ev. Un.   e 6
Oristagni. Ar. F. Po.   j 12 a a
Orleans. D. Ev. Un. G. El.
   Pr. Ba.   f 30 a L

ORMUS. I. R. Un. Po. F.	aſ	3	l
Orſoi. Fo.	a	ſ g	Rh
Orſova.	h	1 a	Da
Orſſa. F.	p	2	a
Orta. Ev.	j	8	e
Ortembourg. C.	a	1	c
Ortona. Ev.	j	10	b a
ORUD.	aſ	1	f
Oroiete Ev. F.	j	8	e
Oſero. I Ev.	j	9	m
Oſimo. Ev.	j	8	h
Oſma. Ev.	e	1	D
Oſnabruck. Ev. P. An. Un. F.	a	ſ	
Oſſuna. D Un.	e	3	
Oſtende. F. Po.	fl	1	a
Oſterwick. F.	a	4	e
OST-FRISE. P.	a	ſ	i
Oſtie. Ev. Po.	j	8	a
Oſtuni. Ev.	j	10	c e
Otrante. Ar. F Po.	j	10	c e
Oudewater. F.	h	1	a
Owiedo. Ev. Un.	e	11	
Owar. F.	h	1 b	Da
OWRE ISSEL.	h	6	
Oxford. C. Ev. Un.	b	1	h
Oye. B. Ch. C.	f	17	b
Oye. C.	a	ſ	
Ozwiaſim.	p	1 a	Wi

P.

P Aderborn. Ev. P. An. F.	a 5	b
Padouë. Ev. Un. T. F.	j 9	e
Paffenhoven.	a 2	f
PAHANG. R.	af 6	e
S. Palais.	f 10	b
Palamos. F. Po.	e 7	
Palencia. Ev. Un.	e 13	
Palerme. Ar. T. Pa. F. Po.	j 11	a
PALESTINE.	af 1	
Paleftrine. P. Ev.	j 8	a
Paliacate. F. Po.	af 5	d
Palma-Nova. Fo.	j 9	b
Palme. I.	af 12	
Pamiers. Ev. Pr.	f 9	
Pampelune. Ev. Un. Pa F.	e 9	
Panama. Ev. Pa. F. Po.	am 7	a
Papa. Fo.	h 1	b
Papenheim. C.	a 8	
S. Papoul. Ev.	f 7	a
PARAGUAI.	am 11	
Parenzo. Ev.	j 9	c
PARIA.	am 7	
Paris. Ar. Un. Pa. G. El. Cc. Co. Pr.	f 28	s
Parme. D. Ev. Un. F.	j 4	a
Parnaffe. Mo.	t 13	
Paros I.	t 15	
PARTHIE.	af 3	
Paffage. Po.	e 10	b

Paffarowits.	h	4	
Paffaw. Ev. P. F.	a	2	b *Da*
PATANE R. Po.	af	6	e
Patmos. I.	af	1	g
Patras. F. Po.	t	14	
S. Patrice.	b	3	d
Patti. Ev.	j	11	b
Pau. Pa Cc. Ba. Co.	f	10	a
Pavie Ev. Un. F.	j	2	a *P*
S. Paul. B. C.	f	17	b
S. Paul-trois Châteaux Ev.	f	5	
Pautzen.	a	10	c
Pecquigni.	f	17	a a
Pedena. Ev.	j	9	c
PEGU. R.	af	6	
Pekin.	af	7	a
Peina.	a	4	d
Pembrock. C. Ev. Po.	b	1	f
PENGAB.	af	4	
Penna D Ev.	j	10	b b
Penfecola. Fo.	am	2	
Pepoli. D.	j	10	a
Perche. C.	f	27	
Perigord. C.	f	11	a
Perigueux. Ev. Pr. El.	f	11	a e
Permiski. D.	m	2	
Pernau. Un. F.	f	6	b
Perone. Ba. Pr. F.	f	17	a b
PEROU.	am	8	
Peroufe. Ev. Un. F.	j	8	g
Perpignan. Ev. Un. Pa F.	f	8	

PERSE. R.	aſ	3	
Perth. C. F.	b	2	b
Peſaro. Ev F.	j	8	i
Peſchiera. F.	j	9	h
Peſenas. C.	f	7	a
Peſt. C. F.	h	1 a	Da
Petau F.	t	7	b
Peterington. Po.	b	1	a
Peterſbourg. F. Po.	f	6	
Peterſbouroug. Ev.	b	1	h
Petershague.	a	5	k
Peterwaradin. F.	h	2	
Petigliano. Ev.	j	6	c
Petrikow Po.	p	1	a
Pertapoli Po.	aſ	5	e
Petzora D.	m	2	
Pfullendorff. Im.	a	8	
Phaltzbourg. F.	f	31	
Phaſe Riv.	aſ	1	
PHENICIE.	aſ	1	
Philipatan. Po.	aſ	4	e
Philipeville. F.	f	18	b
Philipine. Fo.	fl	1	b
PHILIPINES. I.	aſ	9	
Philipipoli. Ar.	t	9	
Philipſtad.	f	2	bb
Philipſtad.	a	7	ca
Philiſbourg. F.	a	7 a	Rb
Phoring.	a	2	f
Phortzeim. F.	a	8	e
Pianoſa. I.	j	6	d

Pic-d'Adam. Mo.	af	9	b
Pic de Tenerifle. Mo.	af	12	b
Picardie.	f	17	
Piemont. P.	j	1	b
Pienza. Ev.	j	6	c
S Pierre-le-Mouftiers. Ba.Pr.	f	20	
Pietra Sancta. Ev.	j	6	a
Pignerol. F.	j	1	b
Pillaw. F. Po.	p	3	b
Pilfen. F.	a	10	a
Pilfno. F.	p	1	a Wi
Pinde. Mo.	t	12	
Piney. D.	f	32	b
Pinnenberg.	a	4	a d
Pinsko.	p	1	f
Piombino. P. Ev. Po.	j	6	c
Pirmont. B. C.	a	5	a
Pirn. F.	a	3	b El
Pifcina. Ev.	j	10	b b
Pife. Ar. Un. F.	j	6	b
Piftoye. Ev.	j	6	b
Pitigliano. C.	j	6	a
Placenzia. Ev.	e	1	
Placenzia.	j	10	b
Plaifance. D. Ev. F. Un.	j	4	b P
Plata. Ar.	am	8	c
Plaw.	a	3	e c
Pleskow.	m	1	
Pleff.	a	10	c
Plimouth. F. Po.	b	1	e
Ploen. F.	a	4	a c

Ponthieux. C.	f	17	a
Ponticheri. F. Po.	aſ	5	d
Ponthievre. D.	f	15	
Pont-l'Evéque. El. Ba.	f	16	a
Pontoiſe El.	f	28	
Pont S. Eſprit. F.	f	7	b R
Pont S. Maxence.	f	28	
Pontremoli. Ev.	j	6	a
Popayan. Ev.	am	7	e
Poppenbourg. C.	a	4	d
Porentru.	f	2	
Portalegre. Ev. F.	p	5	
Postimano Po.	p	6	
Portland. Po. F.	b	1	e
Port-Loüis. Po. F.	f	15	b
Port-Royal.	am	1	b
Porto. Ev. Po.	j	8	a
Porto. Ev. Pa. F. Po.	p	1	
Porto-Belo. Po.	am	7	a
Porto-di-Paula. P.	j	8	a
Porto-fino. Po. F.	j	7	b
Porto-Greco. Po.	j	10	c a
Porto-Hercole Po.	j	6	d
Porto-Longone. Po. F.	j	6	d
Porti-di-Salo. Po.	e	7	
Porto-di-Primaro. Po. F.	j	8	l
Porto-Rico. I. Ev. Po.	am	14	b d
Porto-Venere. Po.	j	7	b
Portſmouth. Po F.	b	1	e
Port-Vendres. Po.	f	8	
PORTUGAL. R.	eu		

Posnanie. Ev. Un. F.	p	1	b
Possega. C. F.	h	2	
Potenza. Ev.	j	10	c c
Potosi. Mo.	am 8		
Pozzuolo. Ev. F.	j	10	a a
Prague. Ar. Un. Pa. F.	a	10	a
Precop. F.	t	2	a
Premislaw. Ev.	p	1	g
Presbourg. C. Ev. Un. Pa. F.	h	1 a	D a
Preston.	b	2	b
La Prevesa. Fo.	t	10	
Principat.	j	10	a
Privas.	f	7	c a
Provence. C.	f	6	
Provins. Ba. El.	f	19	b
Prum. A. P.	a	6	b
PRUSSE. R.	p	3	
Przemil. Ev.	p	1	g
Ptolemais. Po. F.	a f	1	b
Puerto-Seguro. Po.	am 12		
Puerto-del-Fame. Po.	am 10		
Puicerda. Ev. F.	e	7	
Pulignano. Ev.	j	10	c b
Pultausk.	p	1	d
Purmerend.	h	5	
Puy. Ev. Ba. Pr.	f	7	c
Puy-Laurent. D.	f	7	a
Puy-l'Evêque.	f	11	a d
Puy-en Anjou.	f	26	
Puy-Normand.	f	11	a c
Pultowa. F.	p	1	k

Pyrennées. Mo.   f & e

Q.

Quainsi.	af	7	b
Quakembruck.	a	5	e
Quanton. Po.	af	7	b
QUANTUNG.	af	7	b
Quebec Ev. F.	am	1	a
QUEDA. R. Po.	af	6	c
Quedlimbourg.	a	3	c
Le Quenoi. F.	f	18	b
S. Quentin. El. F.	f	17	a e
Queras. F.	j	1	b
Querci. C.	f	11	a
Querfurt. P.	a	3	c
Quiécheu. P.	af	7	b
Quillebœuf.	f	16	a S
QUILOA. R. F. Po.	af	11	a
Quimpercorentin. Ev.	f	15	b
Quimperlai	f	15	b
Quir.	t	P	
QUITO. Ev. Un.	am	8	b
QUANGSI. L.	af	7	b

R.

Raab, ou Javarin. } C. Ev. F.	h	1	b
Radensbourg	a	1	a
Radnor. C	b	1	f
Radziwiliski.	p	2	e

Ragufe. Ar. F. Po.	t	8	c
Rain. F.	d	2	a
Rakonick.ª	a	10	a
Rambouillet. B.	f	30	b
Ramekens. Po. F.	d	2	a
Rantzaw.	a	4	a c
Rapallo. Po.	j	7	6
Rapallo. D. Ev.	j	10	c a
Rapolſtein.	f	ı	a
Rapperſwil.	ſſ	14	a
Rappin. C.	a	3	e c
Raſtadt. Ch.	a	8	d
Ratibor. D.	a	10	c a O
Ratiſbone. Ev. P. Im.	a	2	c *Da*
Ratzbourg. P.	a	4	b
Rava. Ev. F.	p	ı	b
Raucourt. Ch. P.	f	19	a
Raudnits.	a	10	a
Ravello. Ev.	j	10	a b
Ravene. Ar. T. F.	j	8	k
Rawenſberg, C. Fo.	a	5	g
Rawenſbourg. Im.	a	8	
Rawenſtein.	fl	2	b *M*
Raxaltin. Po.	af	2	a
Recanati. Ev.	j	8	h
Redding.	b	ı	e
Reez. F.	a	5	g *Rh*
Regenſwald.	a	3	f b
Reggio. Ar. F. Po.	j	10	d b
Regio. D. Ev F.	j	ſ	b
Reichenbach.	a	10	c b

Rohan. B Ch D.	f	15	
Rohanez. D. El.	f	4	c L
Rolduc. C.	fl	6	b
ROMAGNE.	j	9	
Romans.	f	5	
Rome. Ev. Un. T. Pa. F.	j	8	a
Romerſwal. F.	h	2	b
Romonto. C.	ſſ	10	
Ronciglione. C.	j	8	d
Roſai. El.	f	19	b
Roſchild. Ev.	d	1	a
Roſcoman. C. Ev.	b	3	c
Roſenhaim	a	2	f
Roſes. Ev. F. Po.	e	7	
Roſette. Po.	af	1	c
Rosheim.	f	1	b
Roſienie.	p	2	c
Roſoli. Ev.	j	12	b
Roſona. F.	j	4	
Roſſano. P. Ar.	j	10	d a
Roſſ. C.	b	2	a
Roſſe. Ev.	b	3	b
Roſthow. D. Ar. F.	m	1	
Roſtok. An. Un. F.	a	4	b
Rote. C.	ſſ	14	c
Rotelen.	a	8	d
Rotemberg. F.	a	5	h
Rotembourg. C.	ſſ	3	
Rotembourg. Im.	a	9	
Roterdam. I. F.	h	1	a
Rottembach.	a	8	b

Rottenfels.	a	8	g
Rotweil. Im.	a	8	c
Roüen. Ar. Pa. Cc. G. El. Co. Pr. Ba.	f	16	a S
ROUERGUE. C.	f	11	a
Rovigo. Ev.	j	9	f
ROUSSILLON. C.	f	8	
Roxa. Po. F.	af	2	a
Roye.	f	17	a b
Ruden. I.	a	3	f
Rudkoping.	d	1	e
Ruffac.	f	1	a
Rugen. I. P.	a	3	f
Rugenwald.	a	3	f a
Rupelmonde. C.	fl	1	a
Ruremonde. Ev. Cc. F.	h	3	c M
RUSSIE NOIRE.	p	1	
RUSSIE BLANCHE.	p	2	
Rutland. C.	b	1	h
Ruvo. C. Ev.	j	10	c b
Rye. Po.	b	1	d

S.

SAr-Loüis. Ba. F.	f	31	
Sabionette. D. F.	j	2	a
Sable d'Olone. El.	f	14	b
Sablé. M.	f	27	a
SABLESTAN.	af	3	
Sagnan. D.	a	10	c
SAHID.	af	1	
Sain. C.	a	7	c b

Saragosse. Ar. Un. T. P. F.	e	8	K
Sarbruk. C.	a	6	b
SARDAIGNE I. R.	j	12	
Sargans C.	ss	14	b
Sarlat. Ev. Ba. El.	f	11	a c
Sarno. D Ev.	j	10	ab
Sarsano. Ev.	j	7	b
Sarsina. Ev.	j	8	k
Sarte. Riv.	f	27	b
Sarwar. C.	h	1	b
Sarwenden. C.	f	32	a
Sas-de-Gand. F.	ss	2	b
Sassari Ar.	j	12	a b
Satz. F.	a	10	a
Save Riv.	a	1	
Saverne. Fl.	b	1	f
Saverne.	f	1	b
Saulieu.	f	3	a
Saumur. El. F.	f	26	L
SAVOYE. D.	j	1	a
Savone. Ev. F. Po.	j	7	b
Sauveterre.	f	10	a
Sauveterre.	f	11	be
Sauveterre.	f	11	af
SAXE. D.	a	3	a
Scala. P. Ev.	j	10	ab
La Scaletta. Ch. P.	j	11	a
SCANIE, ou SCHONEN.	f	2	
Scardone. Ev. F.	t	8	b

Sebenico. F.	t	8	b	
Seberie. P. Ev.	p	1	a	
Seckaw. Ev.	a	1	g	
Seckingen.	a	8	g	
Sedan. P. F. Pr.	f	19	a	M
Séez. Ev.	f	16	b	
Segeberg.	a	4	a c	
Segedin F.	h	1	a	
SEGELMESE. R.	af	3		
Segesward. F.	h	3		
Segma. F.	t	8	b	
Segni. D. Ev.	j	10	a a	
Segorbe. Ev.	e	6		
Segovie. Ev.	e	1		
Segre. Riv.	e	8		
Seine. Fl.	f	3		
Seiffel.	f	3	b R	
SELANDE. I.	d	1		
Sembach.	ff	3		
Semendria. F.	h	4	D a	
Semigallen. D.	p	2	e	
Semlin.	h	2		
Semur en Auxois. Ba.	f	3	a	
Semeur en Brionois.	f	3	a	
Sendomir. F.	p	1	a W i	
Senez Ev.	f	6	a	
Senigaglia. Ev. T. Po. F.	j	8	i	
Senlis C. Ev. Pr. Ba. El.	f	28		
Sennar.	af	5		
Senonches B. P.	f	27	b	
Sens. Ar. El Ba Po.	f	19	a	
Sernich.				

M.

Sirch.	fl	5	b
Sirmich. C. Ev.	h	2	
Sitan.	af	3	k
SITZESTAN.	af	3	
Sisteron. Ev. Ba.	f	6	a
Skaholt B. Ev. Pa.	d	1	e
Slego. C. Po.	b	3	d
Sleswick. D. Ev. F.	d	2	b a
Slooten. Fo.	h	6	
Sluck. F.	p	2	a
Smacalden.	a	9	f
SMALAND.	S	2	a
Smirne. A. F. Po.	af	1	a a
Smolensko. D. Ev. F.	m	1	
Sobernheim.	a	6	d
Soczow. F.	z	3	
Soest. Im.	a	5	l
Soffingen.	ff	2	a
Soiſſons. Ev C. G. El. Pr. Ba.	f	28	
Soleure.	ff	11	
Solferina. P.	j	3	
Sollingen.	a	5	f
Solms. B. C.	a	7	d
Sologne.	f	30	
Solpe. Ev.	je	10	c a
Solſone Ev. F.	e	7	
Somme Riv.	f	17	a
Sommerſet. C.	b	1	e
Sonde. I.	af	9	
Sondrio.	ff	15	a d
Sonneberg. Fo.	a	9	f

Sonnebourg. C.	a t	i	
Sophia. F.	t	5	
Sora. D. Ev.	j	10	bb
Soraw.	a	10	db
Soria.	e	1	
Sorlingues. I.	b	1	
Sorrento. Ar Po.	j	10	a a
Souabe. D.	a	8	
Soubize. P.	f	12	a
SOURIE.	af	1	
SOUSE. R.	af	3	ſ
Soushampton. C. Po.	b	1	e
Southerland. C.	b	1	a
Souze Po.	af	2	c
Spalatro. Ar. Po. F.	t	8	b
Spandaw F.	a	3	e c
Spanheim C.	a	8	d
Spina-Longa. F. P.	t	15	b
Spire. Ev. P. Im.	a	7 a	Rh
SPITZBERG.	t	P	
Spolette. P. Ev. F.	j	8	g
Squillace. P. Ev.	j	10	db
Stabelo. A. P.	fl	2	c
Staden. An. F.	a	4	f El
Staffanger. Ev. Po.	d	3	c
Stafford. C.	b	1	h
Stagno. Ev. F.	t	8	c
Stalimene. §. F.	t	15	
Stants. B.	ſſ	6	
Stargard. P. F.	a	4	b
Staveren.	h	5	

Stéenberg. F.	fl	2	b	
Steeniwck. F.	h	6		
Steinfurt. B. C.	a	5	a	
Steinheim.	a	6	a	
Stenai.	f	32	b	M
Stendel.	a	3	e a	
Sterling. C. F.	b	2	b	
Sternberg C.	a	3	e b O	
Stettin. D. Ar. F.	a	3	f b O	
Stevenswert. F.	h	3	c	
Stegliano. P. Ev.	j	10	d c	
STIRIE. D.	a	1		
Stirum. B. C.	a	5	f	
Stochem.	fl	2	c	
Stokolm. F. Pa. Po.	f	1	a	
Stolhoffen.	a	8	d	
Stolberg. C.	a	3	e	
Stolpaw. Mo.	m	2		
Stolpen. An.	a	3	f b	
Stoppelberg. F.	a	5	b	
Stralsund. An. F. Po.	a	3	f a	
Stransford. B. Po.	b	3	d	
Strasbourg. Ev. P. Un. Co. F.	f	1	b	
Strasbourg. F.	p	3	a	
Straubing. F.	a	2	f D a	
Strengues. Ev.	f	1	b	
Stromberg.	a	5	a	
Stromboli. I. Ev.	j	11	d	
Strongoli. P. Ev.	j	10	d a	
Studgard. F.	a	8	c	
Suaquem F Po.	af	1	d	

Suchüen.	aſ	7	b	
Suderkoping.	f	2	a	2
SUDERMANIE. D.	f	1		
Sud-Sex.	b	1		
SUEDE. R.	eu			
Nouvelle SUEDE.	am	1		
Suez. Po.	aſ	1	d	
Suffolck C.	b	1		
Sug. C.	h	1	a	
Sulli. D.	f	30	a	
Sulmone. P. Ev.	j	10	b	a
Sultz. C.	a	8		
Sultzbach. B.	a	2	g	
Sultzberg. C.	f	1	c	
Sumatra. I.	aſ	9	c	
Sundgaw. C.	f	1	c	
Surate. F. Po.	aſ	4	c	
Surinam. F.	am	13		
Suſdal. D. Ar.	m	1		
Suſſex. C.	b	1	d	
Suſter. F.	aſ	3	m	
Sutri. Ev.	j	8	b	
Suze. M. F.	j	1	b	
Sweriski. D.	m	1		
Swits.	ſſ	5		
Szerem, ou Sirmich } C Ev.	h	2		

T.

T Abago. I.   am ˈ4 c c
  Tabor.   a 10 a
TABRISTAN.   aſ 3
TAFILET. R. F.   aſ 3
Tage. Fl.   e
Tagliazzo. D.   j 10 b a
TAHAMAZ.   aſ 1 f
Taillebourg.   f 12 a
Talamore. Po. F.   j 6 d
Tallard. C.   f 5
Tallemond.   f 13 a
Talmont P.   f 14 b
Tamiſe. Fl.   b 1
Tanger.   aſ 2 e
Tangermund. F.   a 3 e a El
TANGUT. R.   aſ 2 c
TANJAOR R.   aſ 5 e
TANOR. R. Po.   aſ 5 b
Tarantaiſe. D.   j 1 a
Taraſcon.   f 6 a
Tarbe. Ev.   f 11 b e
Tarente. P. Ar. Po.   j 10 c c
Tarif. Po   e 3
Tarn. Riv.   f 11
Tarracone. Ev.   e 8
Tarragone. Ar. Un. F. Po.   e 7
Tarſia D.   j 10 d a
TARTARIE.   aſ 2
Ta verna.   j 10 d b

Teyss. Riv.	h	1	
Thessalie.	t	12	
THIBET.	af	2	e
Thionville F.	fl	5	b
S. Thomas. Ar. F. Po.	af	5	d
S. Thomas. I	am	14	cd
Thonon.	j	1	ac
Thorn. F.	p	3	a Wi
Thouars D El.	f	14	a
THUNIS. R. F.	af	2	
Thuringe. P.	a	3	e
Thurthur. C. F.	h	1	a
Tibre. Fl.	j	8	
Tiel. F.	h	3	b
Tierasche.	f	17	a
Tigre. Fl.	af	1	
Tillemont.	fl	2	a
Tingri. P.	f	19	a
Tirn. Ev. F.	h	1	a
TIROL. C. Ch. Fo.	a	1	i
Tirnstain.	a	1	b Da
Titoul. F.	h	1	a
Tivoli. Ev.	j	8	a
Toan. Ar.	b	3	c
Tobolsk. Ar. F.	m	2	
Todi. Ev.	j	8	g
Toggenbourg. C.	ff	15	b
Tokai. F.	h	1	a
Tolede. Ar. Un. T.	e	2	a T
Tolen. I. F.	h	2	
Tolentin. Ev.	j	8	h

Toln. C. F.	h 1 b *Da*
Tolosa.	e 10 b
TOMBUT R.	af 6
Tongres	fl 2 c
Tonnai-Charente. P.	f 12 a
Tonnerre. C. El.	f 19 a
Tonningen. Fo.	d 2 b a
Torcello. Ev.	j 8 a
Torgaw. F.	a 3 a *El*
Tornaw. C. Fo.	h 1 a
Tornbourg. C.	h 3
Tornow. Po.	f 3
Tornus.	f 3 a
Toro.	e 13 D
Torre Ev.	j 12 a b
Tortone. Ev. F.	j 2 a
Tortofe. Ev. Un. F.	e 7 E
TOSCANE. D.	j 6
Tofcanella Ev.	j 8 b
Toul. Ev. F.	f 31
Toulon. Ev. Ba. Pr. Po. F.	f 6 a
Touloufe. Ar. Un. Pa Cc G. Co. Pr. Ba.	f 7 a *Ga*
Tourainc D.	f 25
Tournai. Ev. F.	fl 1 a *Ef*
Tours. Ar. Pr. Cc. El. Co	f 25 L
Trajetto. D. Ev.	j 10 a a
Tra-los-Montes.	p 2
Trani. Ar.	j 10 c b
Tranfchin. C. F.	h 1 a
TRANSIANE. R.	af 6 f

TRANSILVANIE. P.	h	3	
Trapani. Fo. F.	j	11	a
Trarbach	a	6	d
TRAVAGOR. R.	af	5	d
T...w Ev. Po.	t	8	b
Traweſtron.	f	1	e
Trebigno Ev.	t	8	c
Trebiſonde. F.	af	1	a c
Treguier Ev. Po.	f	15	b
TREMESEN R.	af	2	d
La Tremoüille D.	f	14	
Trente. Ev. P. F.	a	1	k
Treptow.	a	3	f
Treſnes D.	f	19	b
Treves. Ar.	a	6	b
Trevico. Ev.	j	10	a c
Treviſe. Ev. Un. T.	j	9	d
Trevoux. Pa. Ba.	f	4	d
Tricala	t	12	
Tricarico. C. Ev.	j	10	c c
Trieſte. Ev. Po. F.	j	9	c
Trin. F.	j	1	c
Trinebar. Fo. Po.	af	5	d
TRIPOLI. R. F. Po.	af	2	a
Tripoli. Po.	af	1	b b
Trivento. C. Ev.	j	10	b c
Troja. Ev.	j	10	c a
Trojes. Ev. Co. Pr. Ba. El.	f	19	a S
Troki. F	p	2	a
Tropea. Ev.	j	10	d b
-S. Tropez. Ev. Ba.	f	6	a

Troppaw. D.	a 10 c a
Truxillo.	e 2 d
Truxillo. Ev.	am 8 a
Tubingen. Un.	a 8 c
Tucuman.	am 11
Tudela.	e 9 E
Tulles. Ev. Pr. El.	f 23
TUNQUIN. R.	af 6 a
Turcheim	f 1 a
TURCOMANIE.	af 1
Turene.	f 32
Turgow. C.	ff 14 a
Turin. Ar. Un Pa. F.	j 1 b P
Turoiz, ou } C F. Strezen.	h 1 a
TURKESTAN.	af 2 e
TURQUIE.	j 10 & af
Turfi. D. Ev.	j 10 c c
Tuy. Ev. F.	e 12
Twer. D Ar.	m 1
Tycoczim. F.	p 1 e
Tyran.	ff 15 a
Tyrnaw. Un. F.	h 1 a

V.

V Abres. Ev.	f 11 af
Vado. Po.	j 7 b
Vaifon Ev.	f 6 b
Valais. C.	ff 15 c
Valença.	p 1

M vj

VALENCE R. Ar. Un. T.
   Po. F.   e 6
Valence. F.   j 2 b P
Valence. Ev. Un. Ba. Pr.El.   f 5 Rh
Valencia del-Mino.   p 1
Valencienes. F.   f 18 b
S. Valeri El. Po.   f 17 a g
La Valette. F.   j 11 e
Valladolid. Ev. Un T.   e 1
Valladolid. Ev.   am 6
Valogne. El.   f 16 b
Valois. D.   f 28
Valteline   ff 15 a
Vannes. C. Ev. Pr.   f 15 b
Vassi.   f 19 a
Vatan   f 29
Vaudemont.   f 32 a
Vaudevrange. Ba.   f 32 a
Vaujours D Ch.   f 26
Uberlingen. Im.   a 8
Udine. Ev.   j 9 b
Veglia I. Ev.   t 8 b
Vegillan   j 1 b
Velai C.   f 7 c
Veldents. C.   a 6 d
Venafro. P. Ev.   j 10 a a
Venasque.   f 6 a
Vence. Ev.   f 6 b
Vendôme. D. El.   f 30
Venezuela. Ev.   am 7 d
Venise. Ar. Un. T. Po. F.   j 9 a

Viterbe. Ev. Un.	j	8	c
Vitri-le-François. Pr. El.	f	19	a
Vivarets.	f	7	c
Vivero. Po.	e	12	
Viviers. Ev.	f	7	c a
Vivone. D.	f	14	a
Vizzegrad F.	h	1	b D a
Ukermund Po.	a	3	f
UKRAINE.	p	1	
Vittoria.	e	1	
Vittoria.	am	8	g
Ulieland. I. Po.	h	1	b
Ulm. Im. F.	a	8	D a
Ultonie	b	3	
Ultzen. An.	a	4	b
Umbriatico. Ev.	j	10	d a
Underwald.	ff	6	
Unghwar. C. F.	h	1	a
Unna.	a	5	l
Vogese Mo.	f	32	
Vogherra. Ev.	j	10	c a
Volterra. Ev.	j	6	b
UPLANDE.	f	1	
Upsal Ar. Un. F.	f	1	a
Urbanea. Ev.	j	8	i
Urbin. D. Ar. Un. F.	j	8	i
Urgel. Ev. F.	e	7	
Uri.	ff	4	
Usedon. I. Po. F.	a	3	f
Usez. D. Ev. Ba.	f	7	b
Utrecht. Un. F.	h	4	

W.

W Accie, ou Watzen. } Ev.	h	1	a	D*a*
Wachtendonck. F.	h	3	c	
Waert. Riv.	h			
Waginingen. F.	h	3	a	
Wahal. Riv.	h	3		
Waimouth P. F.	b	1	e	
WALACHIE. P.	t	4		
Walcheren. I.	h	2		
Waldebourg. C.	a	8		
Waldec.	a	2	f	
Waldeck. C.	a	7	d	
Waldhut.	a	2	g	R*h*
Waldsaxe. A. P.	a	1	g	
Wallenstadt.	ss	14	b	
Walpon. C. F.	h	2		
Wandalie. D.	a	3	f	
Waradin. C. F.	h	2		
Grand-Waradin. Ev.	h	1	a	
Warberg. F. P.	s	2	c c	
Warbourg. Im. An. F.	a	5	b	
Wardhus.	d	3	b	
Warendorff. F.	a	5	a	
Warmie. Ev.	p	3	a	
Warna.	t	1		
Warnemund. F.	a	4	b	
Warsovie. Ev. F.	p	1	d	
Warwick. C.	b	1	h	

Wartenberg. F.	a	10	c
Waſſemberg.	a	5	h
Waſſerberg. C. F.	a	2	f
Waterfort. C. Ev. F. Po.	b	3	b
Wieil. Im.	a	8	c
Weilbourg. C.	a	7	d
Weilerſtat. Im.	a	8	
Weimar. D.	a	3	c
Weiningen.	a	4	h *El*
Weirowitza. F.	h	2	
Weiſſembourg. Im.	a	9	c
Weiſſembourg. F.	f	1	b
Weiſſembourg, ou Albe-Jule. } Ev. Un. F.	h	3	
Weiſſenſels.	a	3	c
S. Weit. F. Po.	j	9	c
Wels. Ev.	b	1	
Weluve.	h	3	
Wenden. Ev.	f	6	
Wener. I.	f		
Werben F.	a	3	e a
Wermeland.	f	2	
Wertheim. C.	a	9	
Weſel. F.	a	5	g *Rh*
Weſer. Fl.	a	5	
Weſprins. C. Ev. F.	h	1	b
Weſterbourg. B. C.	a	7	d
Weſterwick. Po.	f	2	a b
Weſt-Friſe.	h	5	
Weſtmanle.	f	1	

Weſtmunſter.	b	1	b
Weſtphalie.	a	5	
Weſt-ſex.	·b	1	
Weteravie.	a	7	d
Wetter. L.	ſ		
Wetzlar Im.	a	7	d
Wexford. C Ev. Po.	b	3	a
Wiatka. D. Ev.	m	2	
Wiborg. Ev. Pa. F.	d	2	a d
Wiborg. Ev. F. Po.	ſ	5	c
Wick.	fl	6	b
Wiclo. C. Po.	b	3	a
Wieſenſtain. C.	a	8	
Widdin. F.	t	5	Da
Wied. B. C.	a	5	
Wights. I.	b	1	
Wihits F.	t	7	a
Wildenbrock.	a	3	f b
Willac	a	1	d
Willemſtat. F.	fl	2	b
Wilna. Ev. Un.	p	2	a
Wilſbourg. Fo.	a	9	e
Wilhauſen. F.	a	2	f
Wilworde.	fl	2	a
Wimpſen. Im.	a	8	
Wincheſter Ev.	b	1	e
Windiſmare. C.	a	1	f
Windſor.	b	1	e
Winsheim. Im.	a	9	e
Wirtemberg. D.	a	8	c
Wirtzbourg. Ev. P. Un. F.	a	9	

Wisbaden. C.	a	7	d
Wismar. Pa. F. Po.	a	4	b
Wilmare.	a	3	e
Wiltoc.	a	3	e b
Wiftule. Fl.	p	1	
Witelpsko. F.	p	2	a
Witgenstein. B. C.	a	7	d
Withern. Ev. Po.	b	2	b
Wittemberg. Un. F.	a	3	a El
Wittemberg.	a	4	h
Wladislaw. Ev.	p	1	c
Woerden.	h	1 a Rh
Wolaw. D. F.	a	10	c
Wolfembuttel. D. F.	a	4	c
Wolga. Fl.	m	1	
Wolgaft. P. P. F.	a	3	f a
Wolhinie.	p	1	
Wollin. Po.	a	3	f
Wolodimer. D.	m	1	
Wologda. D. Ar.	m	1	
Worcefter C. Ev.	b	1	h
Worcum F.	h	1 a M
Worms. Ev. P. Im.	a	7 b Rh
Worotin. D.	m	1	
Wufterhaus.	a	3	e

X.

X Ainsi.	af	7	a
Xanten.	a	5	9
Xantung.	af	7	a
Xativa.	e	6	

Xenil. R.	e	4	
Xensi.	aſ	7	a
Xerez.	e	3	
Ximo. I.	aſ	8	b
Xioor. I.	aſ	8	c

Y.

Y Anouf.	p	1	g
Yarmouth. Po.	b	1	a
Yavarouf.	p	1	g
Yedo.	aſ	8	a
Yerac.	aſ	1	
Ylants.	ff	15	
Yonne. Riv.	f	3	
Yorc. D. Ar.	b	1	g
Nouvelle Yorc.	am	1	
Ypres. Ev. F.	fl	1	a
Yſne. Im.	a	8	
Yſſendick F.	fl	1	b
Yverdun.	ff	2	a
Yvetot. B. M.	f	16	a
Yvica. I.	e	14	
Yvoix. F.	fl	5	b
Yvrée. Ev. F.	j	1	b

Z.

Z Aara	aſ	4	
Zagathai.	aſ	2	
Zaire. Fl	aſ	6	
Zalawar. C. F.	h	1	b
Zamber. F.	aſ		

Zamora. Ev.	e	13	D
Zamosie. Ev. Un.	p	1	g
ZANFARA. R.	af	6	
ZANGUEBAR.	af	11	
Zante. I. Ev. F.	j	9	m
Zara. Ar. F. Po.	t	8	b
Zatmar. C. F.	h	1	a
Zator. F.	p	1	a
Zborow.	p	1	g
Zegra. Ev.	t	8	b
ZEG-ZEG. R.	af	6	
Zeila. Po.	af	11	b
Zeits. D.	a	3	c
Zelande. I. C.	h	2	
Zell. D. F.	a	4	c
Zemble.	t	P	
Zemblin. C.	h	1	a
Zembrow.	p	1	d
Zemonico. F.	t	8	b
Zerbſt.	a	3	d
Zibit. Po.	af	1	f c
Zidden. Po.	af	1	f c
Ziegenheim. C. F.	a	7	c a
Ziriczée.	h	2	c
Zittaw.	a	10	d a
ZOFALA. R. Po. F.	af	10	b
Zoffingen.	ſſ	2	a
Zolnock. C. F.	h	1	a
Zud-Beveland. I.	h	2	
Zug.	ſſ	7	
Zuickaw.	a	3	b

Fin du Dictionnaire Géographique.

TABLE

DES TABLETTES

Géographiques.

TABLE DES MAT.

Fin de la Table.